Interdisciplinary Learning
Discipline-Based Design, Implementation and Assessment

跨学科学习

一种基于学科的设计、实施与评价

夏雪梅 ● 著

教育科学出版社
·北京·

前　言

跨学科学习：在学科中，出学科外

关于打破学科界限的学习，教育领域一直在进行各种探索和实践，课程统整、学科整合、综合实践、主题综合、现象教学、项目化学习……。那么，2022年版课标中所说的"跨学科主题学习"，与以往的这些概念有何异同？新课标所言的"跨学科主题学习"首先是从课程内容层面所做的定位，体现为10%的课时安排；而在学与教的层面，"跨学科主题学习"中可以使用多种带有跨学科性质的教与学方法。本书题为"跨学科学习"，正是希望展现更为开阔的视角。

跨学科在"学科中"

通常会有观点认为，跨学科和学科是分属两端的，要保持学科的"纯粹性"，要有"学科味"，那就要尽可能避免跨学科，因为跨学科会冲淡学科味。但是，这一理解存在偏颇。众多科学领域的发展表明，学科内存在跨学科性，在学科中秉持开阔的跨学科视野能促进学科更有生命力和持续地发展。克莱恩（Klein，2000）认为，学科内不仅存在跨学科，而今跨学科活动可能是学科的核心。跨界创造的互动、重组对于知识的生产和组织非常重要，对跨界的忽视将会带来学科性的衰弱。

学科的专业化和学科间的交叉融合实际上是知识进步的本质（Dogan et al.，1990）。很多科学家将自己看作是"交叉学科者"。艾伦·黑格（Alan J. Heeger）是美国加利福尼亚大学圣芭芭拉分校的物理系教授，而他获得了诺贝尔化学奖，获奖后他又进军生物学领域。樊春海是黑格的学生，也是上海交通大学的院士，他提出，自己的很多论文是来自交叉研究的合作产物。比如，他所研究的DNA纳米基因芯片就体现了现代科技的交叉性，所以他的团队里有来自物理、化学、生物学等多个领域的学者，而开发出的这种芯片体现了多个学科交叉的合作效益，实现了纳米技术、生物医学和计算科学等多学科交叉。（张双虎，2022）

跨学科在当今学科发展中的价值，意味着我们对学科知识要有新的理解。知识的隐喻已经从基础和结构的静态逻辑转变为网络、系统和领域的动态属性，甚至有研究者认为，学科的概念是人为的，现在正分解为一个后学科世界（Turner，2006；Rosamond，2006）。

今天，当我们说一个人很有专业思维的时候，不仅意味着他善于运用学科思想方法和概念，还意味着他很有可能更善于进行跨学科的思维。科兰德等人（Colander et al.，2010）在关于经济学专业地位及其如何进行教学的著作中阐述道：像经济学家一样思考意味着要更善于进行跨学科的思考，当我们教学生"学习像经济学家一样思考"的时候，需要吸收其他学科的见解，增加学生学习以跨学科的方式处理问题的机会。经济学课程应该培养学生批判性思考的能力，引导学生学会整合来自不同学科领域的见解，探索大问题，并考虑问题的道德和伦理层面，而这些正是跨学科学习的基本特征。

上述这些在高等教育、科学研究领域所进行的跨学科知识的生产往往会折射到基础教育领域，甚至会被纳入基础教育阶段的教材和相关资源中，成为跨学科学习的原型，而学生在基础教育阶段进行的跨学科学习也会为其将来的成长奠定心智基础。

跨学科出"学科外"

真实世界中的现象、问题会打破学科之间的壁垒，催生新的学科理解，甚至产生新的交叉学科。很久以前，人们就发现气候对人的重要影响，尼罗河的定期涨落与埃及农民的性格特征、埃及的发展与衰落之间存在着千丝万缕的关系，包括亨廷顿（Huntington）在内的众多学者，终其一生都在证明气候对人类历史的影响，最终形成环境史学——天文地理与人文历史交织融合成的新学科，丰富了人们的理解。

在现代，研究者们发现计算机语言中的"数字"与生物学语言中的"碱基"有共通性。信息世界的背后是1和0两个数字在跳动，而生命世界的背后实际上是ATGC[①]这四个字母在跳动，因为生命最重要的生物信息——脱氧核糖核酸（DNA）分子是由ATGC这四种碱基构成的。从这个意义上说，信息世界与生命世界是互通的，无非一个是二进制，一个是四进制。DNA存储，就是ATGC的四进制编码过程。生命体通过一系列生化反应，把这些数据给存起来、传下去、读出来。如果通过数据解码，将生命世界的四进制编码变成信息世界的二进制编码，就能将两个系统对接起来了，这种跨学科理解促成了生物-数字（bio-digital）的新兴研究。

在学习和日常经验中，每个人都会内化出一套特定的框架来看待和理解世界，也可以称之为"模式""心智模式""知识结构""观念系统"（Goldsmith et al.，1997）。很多研究表明，跨学科学习会促进新的心智模式的发展，促进知识之间的组织理解（Goldsmith et al.，1990）。莱克（Lake，1994）举了一个例子，学生在跨学科学习中更可能建立视觉艺术、音乐表达、电影、诗歌以及特定时代的哲学和政治思想特征之间的联系，并经过批判性地分析形成观点，学生会在歌剧、爵士乐、小说和公共演讲等不同的表

[①] 生命世界的两种核酸分别是脱氧核糖核酸(DNA)和核糖核酸(RNA)。以DNA为例，它含有四种碱基：腺嘌呤(A)、鸟嘌呤(G)、胞嘧啶(C)、胸腺嘧啶(T)。构成DNA时，这四种碱基遵循一种非常简单而高效的配对规则，A一定是跟T配对，G一定是跟C配对，我们称其为碱基互补配对原则。

达形式中形成看待社会观点的新模式,这种模式突破了单一的学科观点。

汪丁丁是一位经济学家,作为北京大学的教授,他曾经在东北师范大学开展过跨学科的教学实验,他的教学不是讲授式的,而是课堂讨论、小组交流和其他引发知识互动的形式。在他看来,跨学科学习是"问题导向的"而不是"教科书导向的",学生要习惯于思考没有确定答案的问题,问题的开放性和不确定性支持学生用批判性的眼光重新确定合理的知识边界。这就改变了我们对待知识的态度,知识不再被视为一堆静止的概念,而是从中生发出独立之精神与自由之思想,这些正是跨学科学习的本质特征。(汪丁丁,2014)

可见,相对于学科学习,跨学科学习有独特的侧重点。纽厄尔(Newell,1998)也认为,跨学科学习更有可能促进"强烈的批判性思维"的发展,而学科学习通常更可能促进"弱意识的批判性思维"的发展。跨学科学习能让学生更富有批判性地认识到单一学科的不足,促使学生从不同的学科视角综合考虑问题,将先入为主的观念放在一边,对各学科的知识和视角持开放和审慎的态度。秉持这种思维方法会产生更多独到的见解、灵活的思维、创造性的想法。

跨学科学习的风险与警醒

跨学科学习并不都意味着益处,在学科课程体系中贸然进行大量的跨学科学习存在风险。在此列出四类主要的风险及其相关的各种观点。

风险1:跨学科学习有可能会破坏学科课程体系的深度和逻辑性

哈维(Harvie,2021)指出,一味强调跨学科学习有可能会忽视人类几个世纪以来形成的严密的学科结构。在课程变革的历史上,随着每一次带有跨学科学习性质的课程或学习方式的涌入,相应的担忧、批判从未停止,尤其是当教育系统试图整体植入带有跨学科性质的课程,如用科学、艺术分别取代单科的物理和化学等、音乐和美术等,或是大幅度采用某一种跨学科学习方法,如芬兰的现象教学法时,总会引发类似的"恐慌",部分学者批评跨学科学习降低了学生学习学科知识的系统性,损害了已经构建的学科逻辑。

警醒：

类似的风险确实有可能存在，如何避免？首先，需要明确跨学科学习是基于学科学习的，跨学科是一个"汇"，而不是"源"（Hansson，1999），不是用跨学科学习完全取代学科学习。其次，学科学习与跨学科学习需要比例上的协调。国内有小学探索了半天分科半天综合、4天分科1天综合等学习模式，这些经验都提醒我们，跨学科学习的引入有必要但需要控制在一定的比例内。2022年版课程方案中的10%也是为所有学校提供了一个基础的"度"。最后，作为一个平衡的学习体系，需要有学科学习指向"深度"和"内部知识的逻辑性"，也需要有跨学科学习指向"广度""关联性""个性化""选择性"等，二者相辅相成。

风险2：跨学科学习有可能会减少传递"强有力的知识"（powerful knowledge）而只关注一般性的知识

扬等（Young et al.，2010）批判主义者认为，强大的学科知识是让年轻人进行社会流动、突破阶层桎梏的重要载体，而学科界限的模糊有可能导致学生缺乏接触传统学科中重要知识的机会。学校的作用是为年轻人提供他们通常在家中无法获得的专业知识，即"强有力的知识"，而跨学科学习可能会让学生轻视学科知识，只关注一般性的概念、规律或结构。他们认为这对年轻人可能有害，其生活机会可能因此受到不利影响，这会让这部分学生处于不利地位。

警醒：

这一风险提醒我们首先关注跨学科学习的选题。跨学科学习要避免日常经验类的选题。如果跨学科学习的主题都关注如"怎么品尝青团"等日常生活中通过观察、简单体验、口耳相传就可以学到的知识或经验，就会让跨学科学习失去其学习价值，也容易被贴上只是"热热闹闹活动"的标签。跨学科学习的选题要关注那些学生在自己日常经验中、在家庭中不太有机会获取的"强有力的知识"。其次，这一风险也提醒我们，跨学科学习的目标定位不能仅指向通用能力或只定位于大概念。大概念、通用能力依托于具体学科的知识与学科实践。跨学科学习的目标需要整合具体知识、实践、概念等不同维度的目标，提升学习者对知识的敏感性和批判性。

风险3：跨学科学习只是"为跨而跨"，没有明确的目标

这一类风险来自实践中为了完成任务或突出亮点而盲目追求跨学科，设计者没有想好为什么跨，没有真实的目的，只是"为跨而跨"。比如，有教师说："我们学校就是让所有教师整合各类教材来进行跨学科学习。"也有教师说："跨学科学习就是把不同学科的知识合起来。"这些其实都是没有考虑为什么要开展跨学科学习、没有目的地进行学科整合的表现，会破坏知识的逻辑，消耗师生的时间。

警醒：

这一风险提醒我们，跨学科学习的关键在于澄清目的，也在于教师的理解和内动力。教师在开展跨学科学习前，首先要有一个明确的目标，而诸如"我要完成校长交代的任务""我想做一个跨学科学习案例"这些都不是目标，只是工作方向。只有当教师能明确，自己希望通过跨学科学习解决什么样的问题，产出什么样的成果，或是指向学生什么样的发展、成长的时候，才可以说明确了学习设计的"目标"。比如，希望能够提升学生对"一带一路"的理解，提升学生的人文科技精神、审美素养等。循着这些宽泛的目标进一步聚焦，选择适合的跨学科载体，筛选适合的教材内外的资源。比如，从对"一带一路"的理解到产生一个要对"一带一路"沿线国家进行模拟投资答辩的项目，从对人文科技精神的培育到形成一个富有观点冲突的社会性科学议题，从支持学生审美素养的养成到创生一个富有特定艺术风格的文创产品，等等。类似这样，学生就可以汇集两个或多个学科（或已确立的专业领域）中的概念、方法、交流形式，来解释一种现象、解决一个问题、创造一件作品、提出一个新问题，避免"为跨而跨"。

风险4：套用综合实践活动或项目化学习的模板，有可能过于泛化或窄化跨学科学习的设计

当前很多学校在做跨学科学习，但由于对跨学科学习的各类载体还不了解，所以或者只是用综合实践活动的方式，或者就直接套用项目化学习的模板，而没有把握跨学科学习的本质，泛化或窄化了跨学科学习的范围。

警醒：

我们可以将跨学科学习看作是教师支持学生对两个或以上学科的内容进

行整合进而形成新理解的过程。跨学科学习开始于一个问题、主题或议题，通过学科间的相互影响形成整合的观点或成果。

如果完全采用综合实践活动的现成模板，或者直接将项目化学习的模板、设计要求套到跨学科学习上，就会泛化或窄化跨学科学习，会阻碍更多的跨学科学习设计方法的生成和发展。综合实践活动作为国家课程，可以用多种学与教的方式，但总体来说，目前大多数的综合实践活动的设计更偏向于活动，对所涉及学科的跨的要求没有那么高，而项目化学习将项目作为"跨"的载体，可以看作是跨学科学习的高阶表现形式之一。此外，跨学科学习还有更多样的载体，如主题、问题、现象、成果等。载体不同，设计的具体逻辑、任务也会有所不同。

跨学科学习中的学科演化

最后，我们需要探讨一个关键问题，教师在跨学科学习设计中是否有必要澄清每一个学科的价值和目标，学生在跨学科学习中又是否要有意识地分析相应学科的价值，明辨不同学科的异同？

两种针锋相对的观点

一种观点认为，不需要。跨学科学习中的知识融合是一种自然的过程。比恩（Beane，1997）提出，知识在跨学科学习中是不断被调用和获取的。这种学习与现实世界中的问题解决是类似的。比如，当司机面对有故障的发动机时，他不会停下来思考自己所做的事情是否需要来自物理、数学、化学等学科的知识，而是会利用已有经验直接动手来解决面临的问题。因此，如果设计了对学生来说足够吸引人的跨学科学习任务，学生可以自然地建立学科间的联系。

另一种观点认为，需要。跨学科学习应该有意识地促进学生思考与该主题相关的不同学科的概念、理论和方法。跨学科学习需要学生识别不同学科中对立观点的假设及其背后的价值观，学生要发展一种"多逻辑思考"的能力，即在对立的观点和相互矛盾的参照系中准确和公正地思考的能力（Newell，1998，2000）。由此可见，在跨学科学习中至少有两个阶段需要学生有明确的学科意识，即从学科中汲取见解并整合见解。跨学科学习中包含着对学科的反思，即要批判性地看待来自不同学科的见解。

这两种观点都各有其合理性。笔者认为，不能孤立理解这两种观点，而要在教师设计的不同阶段、学生发展的不同年段采取不同策略。

教师设计视角

从跨学科学习设计的角度来说，教师可以设计富有跨学科性的现象、问题、主题，有意识地分析载体中所涉及的各学科的知识、能力等，尤其是明确本学科的定位，进而构建学科间的关联，形成整合的跨学科理解。

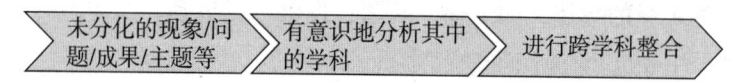

未分化的现象/问题/成果/主题等 → 有意识地分析其中的学科 → 进行跨学科整合

图1 教师设计跨学科学习中的学科演化

在曼斯勒（Mansilla, 2010）描述的跨学科教学的原则中同样体现了这一从跨学科出发到学科再到跨学科的观点：教师让学习者通过对问题的整体感知，建立自己跨学科学习的目的；帮助学习者获得学科洞察力；促进学习者的综合能力提升；让学习者基于批判性的视角反思评价，并强调跨学科素养的培养。

因此，面对车子故障，司机解决问题的方式是在经验自动化的层面上进行的，他不会有意识地划分学科。但是对于学生的学习而言，如果没有对这些整合的经验做学科觉知和理解，有意识地明确和提炼背后的不同学科原理，就仍然只是在经验的层面上思考。要产生"强有力的知识"，学生就需要经历分析问题解决中的学科知识和经验，并上升到理性认识的过程。

学生学习视角

从学生学习的角度而言，上文的两种观点体现了个体学习的不同阶段。

未分化的跨学科 → 有意识地跨学科 → 自动地跨学科

图2 个体跨学科学习中的学科演化

在学生的初期学习阶段或低年段，适合用第一阶段：未分化的跨学科。学生对解决的问题和调用的知识不会做有意识的分化。但随着认知的深化与知识的累积，学生可能要进入第二个阶段：有意识地跨学科。虽然处理的是跨学科问题或现象，但应该有意识地具备并使用不同学科思维，理解跨学科学习中不同学科的思维特征和知识结构，促进对不同学科的批判性理解。随着学习的深化和问题更为错综复杂，以及学习者自身能力和知识结构的整合，就有可能进入第三个阶段：自动地跨学科。这一阶段学习者不需要再有意识地区分不同的学科，而是形成更融通整合的心智模式。

这种在个体层面上对跨学科学习不同阶段的经历也折射出人类发展中学科与跨学科的进化历程：从混沌开始，不断分化出精细的学科，继而通过学科间的交叉融合催生出新学科。我们今天对跨学科学习的探索要让学生感受到人类文明中的不断融合、交叉的趋势，不断用更开阔和发展的眼光看待知识世界，构建更开阔和充满变化的知识版图。

目 录

第一章 跨学科学习：是什么与为什么 ……………………001
 一、"蝴蝶"、"蝉"与"熊" ……………………………………002
 二、跨学科学习的内涵及其相关的各类概念 ………………005
 三、跨学科学习的跨学科立场和学科立场 …………………008
 四、学科教师为什么要关注跨学科学习 ……………………011
 五、教师和学校如何进行跨学科学习的准备 ………………013

第二章 跨学科学习中的学科关系分析 ……………………017
 一、哪些学科更适合跨 ………………………………………018
 二、跨学科学习中的学科关系 ………………………………021
 三、主从型的学科组合类型 …………………………………023
 四、并重型的学科组合类型 …………………………………026

第三章 跨学科学习跨的载体 ………………………………031
 一、基于主题的"跨" …………………………………………033
 二、基于问题/现象的"跨" …………………………………038
 三、基于成果/项目的"跨" …………………………………044

四、基于概念的"跨" ·· 048

第四章　跨学科学习：一种基于学科的设计 ·················· 055
一、跨学科学习的设计框架 ······································ 056
二、跨学科学习如何开始 ·· 057
三、明确跨学科学习的目标 ······································ 059
四、设计跨学科学习的载体和学习任务 ························ 063

第五章　跨学科学习的命题与评价 ·································· 071
一、跨学科学习的命题与评价设计框架 ························ 072
二、指向知识型目标的跨学科命题和评价设计 ················ 074
三、指向实践型目标的跨学科命题和评价设计 ················ 076
四、指向概念型目标的跨学科命题和评价设计 ················ 080
五、跨学科学习评价的评分规则 ································ 084

第六章　跨学科作业的设计 ·· 095
一、多学科—跨学科作业 ·· 096
二、跨学科作业的设计框架 ······································ 098
三、跨学科作业的设计流程 ······································ 099
四、跨学科作业设计的 6 个策略 ································ 101

第七章　语文跨学科学习："历史的回声"实例分析 ············ 107
一、语文课程标准中跨学科学习任务群的定位 ················ 108
二、"历史的回声"项目的目标与载体 ·························· 109
三、"历史的回声"项目实施过程 ································ 111

四、评价项目中的跨学科理解 …………………………………… 117

　　五、分析：如何依托语文教材单元进行跨学科学习 …………… 120

第八章　数学跨学科学习："我们的十年"的三次迭代探索 …… 125

　　一、数学课程标准中的跨学科主题学习定位 …………………… 126

　　二、第一次：为跨而跨的多学科拼盘 …………………………… 128

　　三、第二次：基于数学学科立场的跨学科学习 ………………… 130

　　四、第三次：整合学科立场和学生立场的跨学科学习 ………… 132

　　五、分析：如何进行数学跨学科学习 …………………………… 134

第九章　英语跨学科学习："少年企业家"的创投计划 …………… 137

　　一、英语课程标准中的跨学科学习定位 ………………………… 138

　　二、"少年企业家"的目标与设计要素 …………………………… 140

　　三、"少年企业家"的实施过程 …………………………………… 141

　　四、评价学生的语言实践与创业意识 …………………………… 158

　　五、分析：如何进行英语跨学科学习 …………………………… 160

第十章　科学跨学科学习："校园植物多样性"多维一体逆向式评价设计 …………………………………………………………… 165

　　一、科学课程标准中的跨学科学习定位 ………………………… 166

　　二、跨学科概念的多维一体评价思路 …………………………… 169

　　三、"校园植物多样性"的评价分析 ……………………………… 172

　　四、分析：如何进行科学跨学科学习的评价 …………………… 186

第十一章　美术跨学科学习："假如我生活在名画中"跨学科作业设计 ······ 191

一、美术课程标准中的跨学科学习定位 ······ 192

二、寻找美术与语文的跨学科学习的可能性 ······ 194

三、"假如我生活在名画中"跨学科作业设计 ······ 196

四、分析和评价学生的跨学科学习作品 ······ 203

五、分析：如何富有创意地设计跨学科作业 ······ 210

参考文献 ······ 213

后　记 ······ 219

第 一 章

跨学科学习:是什么与为什么

跨学科学习是什么？我们先来看三个和动物有关的例子。

一、"蝴蝶"、"蝉"与"熊"

第一个例子是关于"蝴蝶"的。这个案例设计了以"蝴蝶"为主题的学习，涉及语文、科学等四个学科，见图1-1。

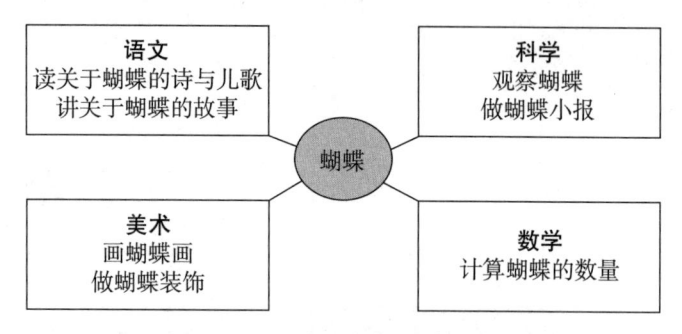

```
┌─────────────────┐              ┌─────────────────┐
│      语文       │              │      科学       │
│ 读关于蝴蝶的诗与儿歌 │              │   观察蝴蝶      │
│  讲关于蝴蝶的故事  │              │  做蝴蝶小报     │
└─────────────────┘    ╱───╲     └─────────────────┘
                      │蝴蝶│
┌─────────────────┐    ╲───╱     ┌─────────────────┐
│      美术       │              │      数学       │
│   画蝴蝶画      │              │  计算蝴蝶的数量   │
│  做蝴蝶装饰     │              │                 │
└─────────────────┘              └─────────────────┘
```

图1-1 关于蝴蝶的主题学习

在语文课中，学生要去读关于蝴蝶的诗和儿歌，讲关于蝴蝶的故事；在科学课中，学生要观察蝴蝶，做蝴蝶小报；在美术课中，学生要去画蝴蝶画，做蝴蝶装饰；在数学课中，学生要去计算蝴蝶的数量。

第二个例子是关于"蝉"的。来自语文、数学、科学等学科的教师在给学生们讲"蝉"这个主题。

语文老师借助蝉来分析咏物诗的特点，分析蝉在不同诗歌中的文学意象：骆宾王于患难之中用蝉比兴，以蝉寓己，"露重飞难进，风多响易沉"，寄托了作者"遭时徽纆"的哀怨悲伤；虞世南在咏蝉时，用"居高声自远，非是藉秋风"来描绘蝉的高洁傲世。

数学老师从蝉的周期性出现来分析其中的数学概率和质数：蝉一生中处在幼虫阶段的时间比较长，大多数蝉会在土中待上几年或者十几年的时间，这个时间有的是3年，也有的是5年，甚至还有的长达17年。蝉为什么不是在12年、14年后出来？这种周期性不仅涉及概率，蝉遇到冷夏、天敌、同类竞争者的概率，还涉及质数，质数的因数只有1和它自身。有研究表明，如果在

1500年的时间里，每隔50年出现一次冷夏，每7年出土一次的蝉只有7%的概率躲开冷夏，每11年出土一次的蝉躲开冷夏的概率上升到了51%，而17年出土一次的蝉躲开冷夏的概率就上升为96%。如果某种17年出土一次的蝉的天敌生命周期是7年，那么它们之间要119年（17×7）才遇到一次。①

科学老师从蝉是不是害虫这个问题着手探讨作为昆虫纲、半翅目、蝉科的一种生物，蝉的取食方式，作为食物链中的一环，蝉与树木、鸟之间的关系，并提供相关研究中提到的某一地区历年来蝉的数量和鸟的数量的变化关系，引导学生们探讨蝉的周期性数量是否会影响到鸟的周期性数量，进而扩展到我们应该怎样对待校园、小区、公园中的蝉。

第三个例子和"熊"有关。学生需要解答如下这道题：

一头熊掉到了一个19.98米深的洞里，用时2秒落到洞底，这只熊的颜色和种类是（　　　）。②

A.白色，北极熊　　　　　　　B.黑色，黑熊

C.棕色，棕熊　　　　　　　　D.黑棕色，马来熊

这是2019年上海高中模拟考的一道物理题。这个题目表面上看好像是一道脑筋急转弯，带点无厘头，但是要真的解决这个问题，需要多种知识的综合。解答过程如下：

这只熊掉到洞里属于自由落体运动，由自由落体公式 $h=1/2gt^2$（物理知识），将 $h=19.98$ m，$t=2$ s代入式中解得重力加速度 $g=9.99$ m/s^2（数学知识），地球上只有两极的重力加速度为 10 m/s^2（物理知识），而南极有企鹅无熊，北极有熊，叫北极熊（地理知识）。所以推测不幸掉洞的熊是北极熊，而北极熊是白色的（生物知识），选A。

上述三个例子反映了不同的知识组合形态。

例1反映的是拼学科（messy-disciplinary）样态。虽然看上去有很多学科，

---

① 兔斯基聊科学.300亿只蝉即将席卷美国，17年爆发一次，巧妙利用数学避开天敌［EB/OL］.（2021-05-14）［2023-01-05］.https://baijiahao.baidu.com/s?id=1699705418116663690&wfr=spider&for=pc.

② 欲知史老师.【高中物理】谁是大侦探：熊是什么颜色的？［EB/OL］.（2021-07-08）［2023-05-16］.https://mp.weixin.qq.com/s/lq_XygaGeXYOkeNLvHWJhw.

但是这些学科知识是零散的,是围绕"蝴蝶"这个主题的知识拼盘,选取了一点语文、一点科学、一点美术、一点数学,这些知识的整合并不能促进学生对"蝴蝶"这个主题产生更深层次的理解。

例2反映的是多学科(multi-disciplinary)样态。围绕"蝉"这个主题,不同学科的教师结合本学科的关键概念,如语文的"意象"、数学的"概率"、科学的"生命周期"等进行不同视角的延伸分析,支持学生以不同的概念透镜理解蝉。各部分的学科知识之间虽然并没有产生交融,但是在学生那里却起到了多元视角的作用,通过不同学科的概念透镜,学生对蝉有了更深入的理解。

例3反映的是跨学科(interdisciplinary)样态。与前两类知识泾渭分明的样态不一样的是,在解决这个问题的时候,需要同时用到物理、数学、生物学三个学科的知识,不同学科的知识是"你中有我,我中有你"地交织融合在一起,可以单独拆解出每一部分的知识,但只有交织融合起来才能解决这一问题。

围绕上述拼学科、多学科和跨学科三类知识组合形态,我们可以用"水果"系列的隐喻可视化地将其内涵表现出来。在图1-2的三个隐喻中,学科之间的关系是不同的。

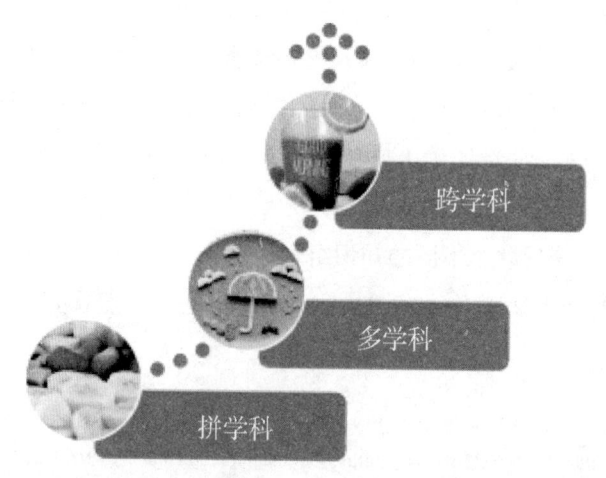

图1-2 关于拼学科、多学科和跨学科的隐喻

拼学科是各类水果的拼盘。不同种水果仅是零散地放在一起,相互之间

没有关系。每类水果都只是孤立的水果切块。

多学科是不同水果组成的图景。从一个学科视角去看可能是云朵，从另一个学科视角看可能是雨伞。虽然云朵和雨伞之间没有关联，但对看和吃的人来说，却具有整幅图景的丰富意义。

跨学科是混合的果汁。不同的学科通过问题等结合在一起，就像芒果和苹果的混合，形成了一个新的果汁品种。雷普克等人（2021）是这样描述的：

- 选取水果（即学科及其见解）并非随意为之，而是以明确考虑的最终结果为目的。
- 水果的混合（即整合进程）改变了每种水果（即学科见解）。
- 混合果汁（即整合结果）与所用配料相比，是某种新东西。
- 制造混合果汁所包含的活动（即跨学科研究进程）在时空上受到研究课题的制约。

这一隐喻可以帮助我们更好地理解实践中的跨学科学习。设计中要尽可能避免拼学科那样只是做低阶知识和技能的堆砌，如果能够从不同的学科思维、概念角度启发学生看待同一个现象、主题、概念，多学科也是有价值的。在多学科学习中，学科知识并不需要有意识地设计成整合的样态，即在知识融合的程度上，它没有跨学科学习高，因此，学科教师运用起来会更容易。

二、跨学科学习的内涵及其相关的各类概念

跨学科学习的内涵有其明确的特征，和跨学科学习相关的有一系列概念，如综合学习、主题学习、项目化学习等，本部分将对此做一澄清。

（一）跨学科学习的内涵

美国哈佛大学零点项目（Project Zero）首席专家曼斯勒（Mansilla，2010）提出跨学科学习的关键点：知识是要应用的东西，仅仅获得知识是不够的，个人要能在各种情况和背景下应用他们对概念的理解；跨学科理解强

烈地受到学科见解的影响，个人要具备两个或更多学科的基础，才能利用它们来解决跨学科任务；学科见解在跨学科学习过程中是整合的，而不仅仅是并列的；跨学科学习有其目的，即促进学生的认知进步。

基于曼斯勒等人的阐述，本书结合跨学科学习的相关研究，形成如下整合的界定：

跨学科学习是学生综合两个或以上学科的知识、能力或思维，通过一定的载体（如主题、现象、问题、产品等）形成整合性的跨学科理解的过程。

这个界定体现出跨学科学习的五个关键特征，见图1-3。

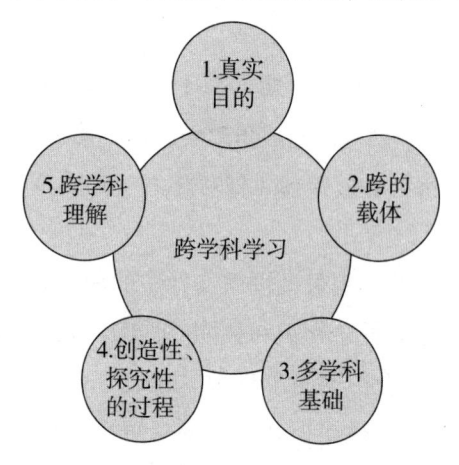

图1-3 跨学科学习的五个关键特征

1. 跨学科学习要有真实目的

在进行跨学科学习时，需要考虑为何而跨。如果仅从训练、巩固学科知识的目的出发，所开展的跨学科学习往往会有虚假、不真实的感觉。跨学科学习应具有解决问题、形成作品、创生新知识等真实的目的。当跨学科学习的目的不够明确时，就会出现零散、拼凑的学习。

2. 跨学科学习要有一个跨的载体

跨学科学习的载体可以是主题、问题、现象、概念、成果等。不管是哪种载体，都要对学习者有意义，也都要能带动两个或以上的学科整合。载体要有一定的挑战性。

3. 跨学科学习要有多学科基础

跨学科学习涉及两个或以上学科，超越单一学科的范围。深度的跨学学习，需要在相应学科领域进行更深入的学习、探索，从各自的学科汲取养料，再产生更深度、创造性的融合。

4. 跨学科学习的过程要有创造性和探究性

因为要整合两个或以上学科的知识与内容，跨学科学习很难照搬现有的公式，所以往往要在不同的学科中来回筛选、调用，会带有探究性和创造性。

5. 跨学科学习最终要产生整合性的跨学科理解

跨学科理解超越单一学科的范围，是在理解主题、解释现象、解决问题、创造产品的过程中凝结成的新理解，促进学生的认知进步。

跨学科学习的类型多种多样。有的跨学科学习在上述五个关键方面的特征可以只是比较表浅的，比如前面提到的"熊"的例子，虽然涉及对不同学科知识的整合，但整个过程很短，真实性并不强；而诸如项目化学习这样的跨学科学习，在上述每个特征上都会有更高的要求。

（二）与相关概念的联系和区别

当前国内基于2022年版课程方案和课程标准所讨论的跨学科学习同时具有课程内容、学与教两个层面的概念意涵。

1. 作为课程内容层面的概念

基于2022年版的课程方案和课程标准，"跨学科学习"是以"跨学科主题学习"的样态出现的，首先是一个带有课程内容意涵的概念。本次新课程方案提出"设立跨学科主题学习活动，加强学科间相互关联，带动课程综合化实施，强化实践性要求"，"每门课程用不少于10%的课时设计跨学科主题学习"，这里的"跨学科主题学习"是一个统称，而到了各学科课程标准中，不同学科有不同的表述方式，如跨学科实践、跨学科学习任务群等，虽然名称不同，但都是内容概念，都强调各学科要将跨学科内容纳入自己的学科课程内容领域。

2. 作为学与教层面的概念

2022年版课程方案，在课程实施部分倡导学科实践、综合学习，学科实践意味着学生要"参与学科探究活动……加强知识学习与学生经验、现实生活、社会实践之间的联系，注重真实情境的创设，增强学生认识真实世界、解决真实问题的能力",综合学习意味着"探索大单元教学,积极开展主题化、项目式学习等综合性教学活动",而在各学科课程标准的教学建议和案例中也都出现了主题类、综合类、项目化学习类的设计。这意味着,倡导跨学科学习不仅是课标内容层面的要求,也是作为学与教的建议。本书所探讨的跨学科学习更多的是在这一层面上展开,涵盖运用问题、主题、项目等不同的载体开展的学习。

3. 跨学科学习与综合实践活动、综合学习、项目化学习等概念之间的关系

综合实践活动是课程概念,而不是学与教层面的概念。综合实践活动可以用综合学习、跨学科学习、项目化学习等方式开展。综合学习是学与教层面内涵最广泛的概念。

跨学科学习有众多的载体,如主题、项目等。如果采用主题为载体,就要体现主题的特征,综合不同的学科深化对主题的理解;如果采用项目为载体,在设计上就要体现项目的要素,通过项目进程产生公开可见的项目成果;如果采用跨学科的内容、项目化学习的设计方法,就会聚合形成跨学科项目化学习。

总之,从大的方向来说,这些学习方式的核心主旨都是类似的,都是指向消弭分学科带来的单科主义,都关注学生的综合素质的培育。只是在内涵范畴、学科视野、设计要素上存在着差异。我们可以用一个公式表示几者之间的内涵范围,见图1-4。

综合学习 > 跨学科学习 > 项目化学习 > 跨学科项目化学习

图1-4 不同概念之间的内涵大小

三、跨学科学习的跨学科立场和学科立场

从学科教师的角度出发,跨学科学习需要平衡好学科立场和跨学科立场,对这两种立场的认识和理解是学科教师进行跨学科学习设计的基础,也是跨学科学习得以持久深化开展的必要条件。

(一) 跨学科学习的跨学科立场

世界之复杂，往往会有用单一的学科观点无法理解的现象或问题，需要我们运用两个或更多学科的方法，以新工具或新观点才能够探悉其奥秘和魅力，这时候就需要跨学科学习。黑克豪森（Heckhausen，1972）认为，一门学科的教学必须从阐明其自身的学科性开始，而跨学科学习必须从阐明自身的跨学科性开始。跨学科是通过综合垂直的深度层面和水平的广度层面来完成的。广度意味着基于多个变量和观点的方法的综合，深度意味着在相关学科、专业方面的能力的综合。

1. 跨学科立场意味着跨学科学习有真实的跨学科目的

如前文关于跨学科学习的内涵部分所言，跨学科学习本身不是目的，不应为跨而跨，解决一个真实问题、创造一件作品、建构一种解释、满足一种需要，这些都是真实的跨学科目的。在这些真实目的的感召下，学生进行跨学科学习，进而产生跨学科理解，促进认知进步。当跨学科学习的目的不够明确时，就会出现零散的、肤浅的、拼盘式的学习。跨学科学习的目的是通过应用实现的。

《他乡的童年》这部教育纪录片，探寻了不同国家的课堂、学校和家庭中的故事。其中关于英国教育的片段中，导演周轶君就描述了真实的跨学科目的激发下的学习，学生需要讨论和设计，共同来解决学校如何为所在社区残疾人提供出行设施的问题。此外，学生也需要去难民营学校，帮助他们组织体育日活动，并建立和社区的联系。这样做的目的是让在校园里的学生能呼应更大的现实世界的需求。这样的跨学科学习有更宏大的目标指向——为了促进真实世界中的人们更好地生活、发展而学习。

2. 跨学科立场是要促进不同学科视角、知识与能力的整合

跨学科立场还体现在促进学科间的整合上。跨学科是复数，表示学科视野间的融合与碰撞。跨学科立场意味着在跨学科学习中，不同学科不是简单地围绕着一个主题排列，更不是随意杂乱地堆在一起。学生需要基于对多个学科的知识分析，在不同的学科视野中寻找关联、冲突，形成富有创造性的新见解。为此，教师要澄清每一个所跨学科的目标、核心概念、相关能力，

并在实施过程中鼓励学生分析不同的学科视角对跨学科目的的贡献。

3. 跨学科立场是要培育跨学科理解和学习素养

跨学科学习是通过主题、问题、现象、概念等建立起联系的。好的跨学科学习事实上就是在综合相关学科深化对主题、问题、现象、概念等的理解，这种跨学科理解是跨学科学习区别于学科学习的重要特点。在形成跨学科理解的过程中，往往需要学生富有创造性、批判性，也需要学生具有合作、沟通交流等能力。越复杂的跨学科学习，如跨学科项目化学习，越需要学生进行深入沟通、交流，甚至需要模拟专家团队的论争、分析，对学生学习素养的要求越高。

（二）跨学科学习的学科立场

坚持学科立场让跨学科学习不流于日常经验和空泛活动，会提高跨学科学习的质量。中共中央、国务院在2019年《关于深化教育教学改革全面提高义务教育质量的意见》中提出要"探索基于学科的课程综合化教学，开展研究型、项目化、合作式学习"，这个定位从政策层面凸显了立足学科进行跨学科学习的价值和意义。

在苏格兰，通常用"支柱"和"门楣"来比喻学科和跨学科之间的关系。没有支柱，门楣就会倒下。跨学科作为"门楣"，要建立在深入而连贯的学科知识和理解的"支柱"之上，否则跨学科理解将缺乏严谨性和实用性（Graham，2022）。

1. 学科立场意味着教师在设计跨学科学习时要有学科意识

实践中的很多"跨学科学习"其实是未分化学科的综合活动，这样的设计往往没有明确的学科意识和立场。在小学低段，或学生刚进入跨学科学习时，这是自然的、应该的，但随着年段的增长，跨学科学习就要让学生有机会从日常经验走向对不同学科视野的反省，进而形成跨学科理解，增强学生的批判性思维和创造性思维。这就需要教师在设计时有意识地植入学科意识，明确在这个问题解决或活动中可能涉及哪些学科。教师可以追问自己："我是站在哪个学科或哪些学科的立场来设计这个问题的？""我希望学生在这一问题解决中综合哪些学科的知识或概念？"教师自身在设计时建立起跨学科学习和学科学习之间的关系，对于跨学科学习的质量保障是非常重要的。

2. 学科立场意味着在跨学科学习设计中要让学生有用学科知识的机会

一个真实问题，比如水治理考察，可以用混沌的、未分化学科的方式学习，让学生自己写一份考察报告；也可以明确地给出学科要求，比如需要进行水质污染判断、含氧量测定等的实验，进行相关实验设计，在深入学习教师提供的生物学、化学等学科的大量资源的基础上，形成一份治理报告。学生的学科探索越深入，对跨学科问题的理解就越深入。

诚如郭华（2021）老师所言，跨学科学习的实现必须依赖各自学科学习的坚实基础，只有学好学科知识，才能够跨学科地解决问题。如果没有学科学习，学生在解决问题时所能依赖的经验是非常贫乏的，只能依靠日常生活中的经验，这样的学习是低质量的。跨学科学习要让学生感受到学科的价值，让学生有进行学科学习和探索的机会。跨学科学习的综合性与学科学习的结构性是相辅相成的。跨学科学习不能取代学科学习。

3. 学科立场意味着学生能将跨学科学习的经验反哺到学科中

学生对跨学科学习的理解应该再回馈到所跨学科中，形成对相应学科内容更深层次的理解。在深度的跨学科学习中，学生经历发现具体而真实的问题（跨学科视角）——界定理解问题（学科视角）——综合不同学科知识解决问题（跨学科视角）——抽象提炼（学科视角）的过程，由此丰富学科理解，拓宽学科视野。

比如在第七章所描述的"历史的回声"这一跨学科项目中，学生在经历了历史的跨学科学习后，再回到学科，对语文中的如何用不同的文学体裁来体现同一主题、重要事件中的环境描写对于烘托历史人物的品质的作用，对历史中的重大事件，对新中国成立前后的各种重大历史事件之间的关系，对历史的表达和文学的表达之间的异同都有了更深入的理解。

四、学科教师为什么要关注跨学科学习

学科教师为什么要关注跨学科学习？最简单的回答是，国家课程方案

和各学科课程标准中都规定了跨学科的内容，接下来相应的教材可能也会专门辟出跨学科的部分，要求学科教师进行跨学科的探索。但是这个回答更多的是站在政策应然的角度。教与学更关乎人的内心，是一种"自我觉知和投入"的行动，如果教师能够从"人的内在自我""专业成长"的角度理解跨学科学习的意义，而同时学校和政策也能营造良好的氛围，将有助于教师更有创意、更主动地投入其中。

（一）跨学科学习可以创造新奇的内容吸引教师和学生

跨学科学习会给我们的大脑带来新奇感，这种认知上的新奇感会让教师和学生都感到有趣。跨学科学习可以让学生更容易亲近学科，增加创造奇思妙想的可能性。

很多偏文科的学生会害怕理科，通过跨学科的方法，可以建立文理科之间、理科和艺术之间创造性的关联。比如西汉时期的铜雁鱼灯，是一个"环保型"的文物，鱼身、雁颈和雁体中空相通，中间可放水以纳烟尘，灯盘、灯罩可转动开合作为排气扇，所有装置都可拆卸。这样的真实历史文物资料可以支持学生思考很多化学问题：水为什么能吸收烟气？洧水（石油）燃烧时会产生二氧化硫，为了提高二氧化硫的吸收效率，还可以放些什么物质？

（二）跨学科学习可以支持师生进入更真实的世界

课程标准中的跨学科学习主题都是与日常生活、社会热点、学科实践等密切相连的，比如物理会和低碳生活、新材料与能源、科技创新等结合在一起。这些与真实世界的关联会让学生更明白所学的价值。

教师有时候会感叹，进入学校就是"山中不知岁月长"，每天两点一线，觉得自己脱离了外面的真实世界，跨学科学习就是让教师和学生进行与真实世界有关的实践：

数学和美术结合，用平面图形的运动与镶嵌来支持学校的软装；物理和地理结合，决策在哪个位置安装风力发电机；生物学、地理和道德与法治结合，分析如何对黄土高原进行从"黄"到"绿"的改造，并在改造中理解"绿水青山就是金山银山"的道理……

这些跨学科学习有助于师生感受知识与真实世界之间的联系，激发师生对学校、社区和社会的共同责任感。

（三）跨学科的教与学可以链接多元团队，丰富生命体验

学校内教师之间的社会交往一般是以备课组、班级为单位，跨学科的教与学可以创造多元的团队链接的机会。为了支持跨学科的教与学，学校会组建更丰富多样的跨学科团队，也有学校会开设跨学科的教师工作坊，让不同学科的教师坐在一起，围绕一个主题、问题各自畅谈。在这样轻松愉快的氛围中，教师们容易争鸣出一些很有新意的点子，实现从多学科的观点阐发到跨学科的经验交融。如在本章开头所谈到的"蝉"的例子中，不同学科视角的呈现，其实也在丰富教师自身的生命体验，进而反哺学科。

五、教师和学校如何进行跨学科学习的准备

支持和激励教师进行跨学科教学的制度目前还不够完善，教师们能感受到命题中的情境和跨学科要素的融入，但这种变化还没有产生实质性的影响，而日常教学中紧张的课时也会阻碍更加深度的跨学科学习。为此，在学校的小环境中，做好心理、机制、行动上的准备是有必要的。

（一）从本学科与真实世界的关联出发自然地跨

每一门学科其实都有非常丰富的跨学科资源。当教师们觉得漫无目的的时候，首先可以回到学科与真实世界的关联中。课程标准、教材就起到了很好的示范作用，比如语文教材中的人文主题很多会自然地带有跨学科的元素。此外，经常思考本学科的知识可以用在怎样的情境中，思考本学科独特的学科实践，思考真实问题中涵盖哪些不同学科的知识、能力，都会带来更自然的跨。

（二）从无压力的学科对话开始

不同学科的教师相互产生"好奇"是一个好的开始，跨学科的交流往往

能碰撞出奇妙的火花。学校如果能提供这样的时间、空间，更有创意的跨学科将有可能就此展开。

这种无压力的对话可以通过各种非正式的方式实现，学校多学科的办公空间、用餐空间，学科之间相互的听评课、定期的互动交流，都有助于学校培育跨学科协作文化。教师们会惊讶地发现，"哎呀，原来你也在教这些内容"。学校要为教师对话提供时间和空间，营造更为宽松和柔性的环境，支持教师自由交流。这种"自然的合作文化"是跨学科学习设计的良好基础。

（三）在成功的跨学科学习案例中找到行动的信心

研究者们发现，有效的跨学科学习的开展，需要更多的专业对话来帮助教师理解跨学科问题，并在教师教育期间提供相关的培训（Shoham，1998）。有研究者发现（Lenoir et al.，2000），当教师对跨学科领域缺乏学习和理解时，就会导致所谓的"折中方法"，往往将不同学科随意挑选和混合，而没有明确的理由、结构或相关性，不能清楚地了解某些科目的组合程度以及如何建立最佳链接。

因此，教师要有机会参与持续的专业发展，而且这样的专业发展应该聚焦于关键的概念工具和成功样例。里夫斯等人（Reeves et al.，2002）[562-563]认为，教学法的宏观和微观层面是不一样的，大部分的指导是针对宏观层面的，是学校层面的，而不是课堂层面的。他们认为，要为教师提供概念工具来理解最佳实践示例，从而使他们能够获得正确理解并将其应用到日常实践中。布莱克等人（Black et al.，1998）进一步指出：教师不会接受听起来有吸引力的想法，他们的课堂生活太忙、太脆弱。除了少数杰出的教师，大部分教师需要的是从身边教师实施的各种活生生的例子中获得启发，从他们身上获得信念和信心，进而相信自己可以做得更好。

（四）学校要做的激励加法和工作量减法

好的跨学科学习的设计与实施都需要时间，也都需要教师的创造性。如果不为教师减掉一些工作量，只是在原有基础上叠加工作，教师很难做好跨学科学习。时间是促进有效跨学科学与教的重要因素。如果不给教师讨论和计划活动的时间，他们将无法开展跨学科教学工作。即使是开展以本学科为主的跨学科学习，教师也需要一些额外的时间理解跨学科主题，对这一主题进行研究，同时寻求相关专家的支持和建议。为此，学校需要通过各种方法激励教师投入，为教师的努力喝彩。同时，要给先行探索的教师减少不必要的工作。

第二章

跨学科学习中的学科关系分析

跨学科学习涉及两个或多个学科，设计时需要考虑学科之间的关系。学科关系会影响不同学科的课时分布，也会影响跨学科学习中的教师结构、备课方式和评价定位等。

一、哪些学科更适合跨

是不是所有的学科都适合进行跨学科学习？如果要以一个学科为基点去跨，哪些学科更适合作为跨的基点？在回答这些问题之前，我们首先要对学科的不同性质进行分析。

（一）学科的不同性质

学科是有一定权威和影响力的特定世界观和思维方式。学科研究的对象和知识性质不同，所需的组织方式不一样，所以不同学科的学习方法也不一样。有些学科更适合进行跨学科学习，有些学科则不然。

从学科本身的结构来看，有些学科内部连接更紧密、结构性更强，有些则更松散。伯恩斯坦（Bernstein，1990）区分了两类学科话语：一类学科是非正式的、依赖于语境的、以日常的方式重新语境化的水平话语，如人类学、历史、道德与法治等；另一类学科是高度组织化、等级化的垂直话语，如数学、物理等。后者要比前者显得学科边界更明显，更正式和结构化。惠特利（Whitley，1978）将前者称为限制型科学（restricted sciences），而将后者称为结构型科学（configurational sciences）。图尔敏（Toulmin，1972）则区分了三类学科：紧密学科（compact disciplines），如物理和生物学；可能学科（would be disciplines），如行为科学；非学科（non-disciplinary activities），如伦理学。

从与现实的关系来看，有些学科与现实的关系更紧密，有些则更远。勒努瓦（Lenoir，1997）将学科分为三类：关注现实建构的学科，如自然科学中的生物学、物理、化学等；关注现实表达的学科，如人文科学中的历史、语言等；促使人们与现实建立关系的学科，如艺术中的音乐、戏剧、舞蹈等。

从时间变化的维度来看，克莱恩（Klein，1991）指出，有些学科比较稳定，有些学科更容易产生变化，还有些学科则会随着其他学科的变化而变化。例如，数学在一段时间内的稳定性要比经济学、心理学等更高一些，而心理学的发展又容易受到社会学、神经科学的影响。随着新兴研究领域的发展，当下人类世界中学科的变化速率比几十年前更快，混合的程度也更高。

（二）哪些学科更适合进行跨学科学习

从上述学科性质分析来看，学科与学科是不一样的，这也意味着我们在进行跨学科学习设计的时候，不能一概而论。马丁（Martin，1970）探讨了学科、学校科目与教学方法之间的关系。他认为，传统的理论学科，如数学、物理等，更支持在学科知识体系内教授学科的关键知识；而相对偏实践的学科，如舞蹈、美术等，则更倾向于跨学科式的、多样化的教学方式。关于哪些学科更适合进行跨学科学习，有以下三个大的判断原则：

- 从学科结构看，结构更松散的学科更适合进行跨学科学习。
- 从与现实的关系看，与现实关系更紧密的学科更适合进行跨学科学习。
- 从时间变化看，更容易随时间推移而变化的学科更适合进行跨学科学习。

不仅学科性质有这样的区别，同一门学科内部的不同内容子领域，也会表现出类似的差异，所以有时候不能一概而论。数学、物理等学科中，有些内容的理论性、结构性、基础性更强，即使在漫长的时间变化中也很少发生变化，而有些内容则属于学科中"比较弹性"的部分，与现实的关联性更强，更容易发生变化。如数学、物理中那些核心的理论、公理、规则等属于前者，而数学中的统计、物理中与社会发展相关的部分则相对更适合进行跨学科学习。

根据上文的阐述，我们对学校科目进行了分类的举例探讨，表2-1中的第一类科目更适合作为跨学科学习的基点、问题背景，从这些学科出发去思考如何跨学科，相对比较容易。

表2-1 学校科目的类型分析及样例

学科性质	学科及其子领域样例
●本身结构更松散的 ●与现实关联更多的 ●容易随时间而变的	道德与法治、美术、音乐；历史、生物学、化学、地理、物理中与现实关联的部分；语文中的文学作品等；劳动、信息科技的应用部分等
●本身结构很紧密的 ●与现实关联较少的 ●不易随时间而变的	语言学习中的发音、语法规则等；化学中的原理；物理中的原理、定律等；数学中的公式；体育中的运动技术与技巧等

我们还可以借助上文关于学科与现实关系的框架，对学科及其内容领域进行更具体的分析，主要是澄清不同学科在跨学科学习中的功能，见表2-2。

表2-2 跨学科学习中的学科类型、内涵与功能及样例

类型	内涵与功能	学科及其子领域样例
话题提供类	与真实世界有更多关联的学科；通常会为跨学科学习提供主题、问题、现象等载体	科学、地理、生物学、物理、化学等；历史、道德与法治；语文中的文学阅读与创意表达、实用性阅读与交流、思辨性阅读与表达、整本书阅读、跨学科学习等任务群
转化表现类	具有可视化、表现性的学科；跨学科学习可以与很多学科建立起关联，用独特的学科形式将学生对其他学科的理解创造性地转化呈现	音乐；美术；戏剧；语文中带有各类学科内容的写作（学科写作），如科普写作、观察报告等
能力融入类	这些学科的关键能力通常需要且可以融入其他学科的问题解决中；跨学科学习离不开这些学科的能力支持，有时候需要提供支架、工具、资源等	语文或英语中的口语交际、阅读能力、写作能力等；科学中的提出问题、建立模型、科学观察等能力；数学中的测量、计算、统计等能力；信息科技中的搜索、软件使用能力等

对学科性质的分析，有助于实践者们深化理解跨学科学习中不同学科的作用，更均衡合理地处理不同学科之间的关系，避免某一类学科被"遮蔽"，或被其他学科"殖民"。

二、跨学科学习中的学科关系

在跨学科学习中，不同学科是平等并重的，还是有所侧重的？跨学科学习中是否一定要有一个主学科？这是让很多人感到疑惑的问题。笔者认为，跨学科学习中的学科关系有两种基本的样态：主从型、并重型。设计者应该在设计初就明确学科之间的关系，因为学科关系的定位会影响后续的备课、上课和评价。

（一）主从关系

站在学科立场上设计的跨学科学习，基本都是主从关系。具有主从关系的跨学科学习是以主学科为支点跨到其他的相关学科。

1. 什么是主从关系

顾名思义，"主"是在跨学科学习中设定一个主学科，"从"是指将所跨的其他学科作为关联学科，或称为相关学科、辅助学科。主从关系中，主学科的目标是核心，学习和产生成果也围绕主学科，关联学科起到从属和服务作用。主从关系的跨学科学习中，教师并不需要对"从"学科进行评价。

2. 跨学科学习中主从关系的例子

很多问题自身就蕴含了主从关系。比如，如何给学校的心理教室计算铺地的合理方案？如何给学校的新墙面设计一面数墙？这些问题中，数学作为主学科的特征就很明确，而美术就会自然地成为关联学科。

有时候问题情境本身蕴含了主学科，而关联学科是可以根据需要进行调整的。比如，在"用学校里的声音去创作学校课间铃声"这一情境中，主学科是音乐，关联学科可以有多样的设计：可以和物理关联，理解声音是如何产生与变化的；可以和劳动关联，用学校里的各种劳动的声音，如扫地的声音、挪动桌子的声音等去创编。

当然，也有一些问题本身是看不出主从关系的。比如，"如何解决午餐浪费的现象"就是一个综合性问题，看不出主学科，那么设计者就可以根据自己的学科背景来调节。如果是数学教师，可以从统计、搭配、预测、估算等角度来设计；如果是语文或道德与法治教师，则可以从访谈、辩论等角度来设计。

3. 主从关系的利弊分析

主从关系的跨学科学习设计有一定的优势。习惯了分科制的教师相对容易上手，目标定位更明确，占用其他学科的课时不多，甚至可以不占用，协调和实施起来相对容易。主从关系的跨学科学习设计也会有一些弊端，因为过于强调学科的主体地位，有时候会简化问题的真实性，也有可能会弱化关联学科，主学科的内在逻辑和学习方法可能会被强加于关联学科。

（二）并重关系

跨学科学习中的学科关系并不一定都是"不平等的"，也可以是平等、并重的关系。

1. 什么是并重关系

当需要解决一个问题、解释一个现象、产生一个成果时，需要学生整合两个或以上的学科，在至少两个学科付诸比重接近的努力、学习与探索，这样的跨学科学习就属于并重关系的跨学科学习。并重关系中所跨学科都很重要，并重关系要比主从关系更能体现跨学科的整合性。

2. 跨学科学习中并重关系的例子

很多问题情境自身就凸显出并重的特征。比如"如何用物理模型去表现历史中的文明兴衰？"，对历史文明、物理模型的透彻理解都是在解决这个问题时必不可少的，很难有主从之分。类似这样的问题还有很多，比如"如何描绘自然之美"这个问题的解决在真实世界中对应科学艺术创作这一领域，能回应这一问题的往往既是科学家，又是艺术家。被称为"中国植物画第一人"的曾孝濂，从事科研艺术逾半个世纪，是中国科学院昆明植物研究所国宝级的画家。在他所描绘的"蓝翅希鹛""地涌金莲"等形象中，"无一花无出处，无一叶无根据"，体现了精确的科学性和隽永经典的美感。

有时候，仅从主题或问题，如"糖"或"校园中的手机问题"上并不能立刻分辨出其中涉及哪些学科，其关系与比重如何，那就可以根据设计团队自身的学科特征寻找和主题、问题之间的实质性关联，进而澄清可能涉及的学科。

3. 并重关系的利弊分析

相较于主从关系，并重关系的跨学科学习更能产生深入的学科互动，但是在课时结构保障、教研方法创新上需要更多的支持，对学校灵活的课时制度和跨学科的教研团队、绩效和奖励机制有更高的要求。主从关系的跨学科学习，主要是用到主学科的课时，而在并重关系的跨学科学习中，要求不同学科的教师之间有更多和深入的交流，这样在设计和实施时学科之间的配合度才会更高。为此，并重关系的跨学科学习需要教师投入更多的时间和精力，同时也有可能带来不同学科的文化、思维方式、观点的冲突。

三、主从型的学科组合类型

在主从型这一学科组合大类下，学科之间的关系也有若干种不同的样态，这里提炼出常见的三种原型。为了更简洁地描述，如下论述都用两个学科（学科A和学科B）的情形作为示例，同理可以迁移至三个或更多的学科。

（一）情境型

情境型是指在以学科A为主的跨学科学习中借助关联学科B的情境。比如前文中的"青铜雁鱼灯"案例，主学科A是化学，借助关联学科B历史中的文物情境来呈现。在这种类型中，表面上是学科B的情境，实质是"暗度陈仓"，是为了学科A。但是，当学生能看透学科B的情境，不仅对学科A会有更深入的理解，同时也会对学科B的情境体认更深入。我们可以用图2-1表示。

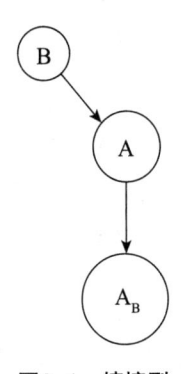

图2-1 情境型

情境型通常在试题、作业、课堂片段中出现得较多。国际学生评估项目（Programme for International Student Assessment，PISA）的数学、阅读测试中，这种类型大量出现，普遍使用公共卫生、职业、科学情境来达到测评数学素养和阅读素养的目的。国际阅读素养进展测试（Progress in International Reading Literacy Study，PIRLS）的某个样题中，通篇都采用火星探测的项目情境，纳入真实的人类探测事件和火星探测器的设计，这些情境看上去是和科学工程（学科B）有关，但事实上测试的题目都是指向信息搜索、辨析、作者意图分析等阅读能力（学科A）。

情境（学科B）与主学科A的跨越度越大，越容易给学生带来陌生感、新奇感和跨学科感。有一些典型的情境可以广泛地用在各个学科上，带有"原型"的作用，比如古诗、文学名著等，都可以作为"被借助"的情境，可以作为学科B，用于与之反差较大的数学、科学学习中。以古诗为例，古诗作为典型的文学情境，可以被广泛地用于数学、历史、艺术、物理、生物学、化学等领域。如让学生分析《石灰吟》中石灰的生产过程，并列出相应的化学方程式：

"千锤万凿出深山"——表明了原料来源。

"烈火焚烧若等闲"——石灰石（主要成分是碳酸钙），质地坚硬，经过千锤万凿将石灰石敲碎，然后在石灰窑里烧制成白色的生石灰。

化学方程式：$CaCO_3 \xrightarrow{\text{高温}} CaO + CO_2 \uparrow$

"粉骨碎身浑不怕"——氧化钙与水反应生成白色的熟石灰。

化学方程式：$CaO + H_2O = Ca(OH)_2$

"要留清白在人间"——氢氧化钙与空气中的二氧化碳反应生成白色的碳酸钙。

化学方程式：$Ca(OH)_2 + CO_2 = CaCO_3 \downarrow + H_2O$ [①]

采用情境型是比较简便的一种设计主从型跨学科学习的方法，关键在于设计者要有广博的知识面和敏锐度，要善于找到有意思又有意义的情境。

[①] 生活中的化学．藏在古诗里的化学方程式，文学和化学的结合也是如此完美！[EB/OL]．(2021-03-28) [2023-02-15]．https://mp.weixin.qq.com/s/EFGZoMX0_xDS1IhNen934Q.

（二）补充型

补充型是指在一个问题的解决或一个主题的探讨中，涉及主要的学科A，但也需要借助学科B的部分知识、形式或技术以形成整合的理解或结果。我们可以用图2-2表示。

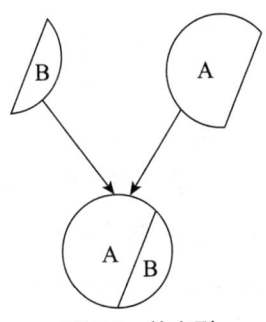

图2-2 补充型

比如，在解决"升旗手拉动国旗上升的时间如何与国歌的播放匹配"这一问题时，主要用到的是数学知识，涉及数学中的路程与时间的关系计算，但是学生如果要充分地解决这一问题，不仅需要理解隐含在"正好到达顶端"中的数学知识，还需要有对国歌音乐节奏的理解。

补充型还有一种特殊情况，就是用学科B的结果去增强表现学科A探索的结果。比如在做完某一个房间的地垫设计后，将拼搭的地垫做成更富有艺术性的色彩，甚至开始在驱动性问题中就提出对地垫艺术性的要求。在这一类设计中，如果不断增强学科B艺术的比重，比如对地垫设计的风格要求比较高，如要求用蒙德里安的风格，在课时上与学科A数学相当，那就会变成并重型的设计。

（三）插入型

插入型是指某一问题或主题以学科A为主，但是在进程中加入与学科B有关的问题探讨、交流或实践，与学科A成为一个整体。在这一类的跨学科学习中，如果去掉学科B，问题探索或主题理解也会顺利进行，但是加上学科B之后，学生对相关问题的理解会更深入，形成的成果会更整合、更精彩。我们可以用图2-3表示。

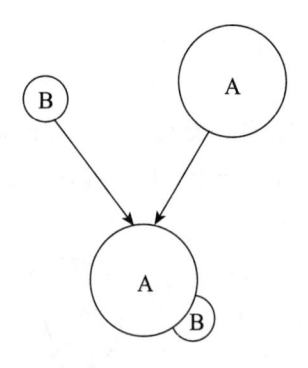

图2-3 插入型

比如在"敦煌画师"的美术学科项目中,教师增加了对原版的敦煌壁画鉴赏文章的阅读和对自己创作的壁画的写作,这种艺术读写去掉也不影响项目进程,但是加入之后会深化学生的理解;在"太空探索家"的科学项目中,加入"移居太空要带上哪些人群"的伦理思辨,会让学生在科学项目中深化对价值观的理解;在"交友手册"的英语项目中,加入"过一天没有朋友的日子"的社会实验,会让学生的体验更加深刻。总之,这种插入型跨学科学习丰富了原有的学习设计。

四、并重型的学科组合类型

并重型的学科组合中学科之间是平等关系,无法或没有必要区分哪个学科更重要,每一个学科都起到不可或缺的作用。并重型的学科组合也有多种原型,以下探讨常见的三种。

(一)互补型

互补型是指在问题解决或主题探讨中,学科A、学科B不可分割地交织在一起。真实而复杂的问题解决往往都需要互补型的结构,不同领域的知识、能力交织整合在一起。在互补型中,不一定会有先后关系,从学科A或学科B或者从两个学科同时切入都可以,如图2-4所示。

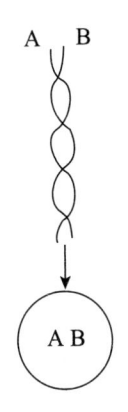

图2-4 互补型

在互补型的结构中，除了知识的互补外，还有能力、思想方法、思维方式等的交织整合。在"不用土壤种植的智能农业"的跨学科学习中，人工智能的介入刷新了学生关于传统农业和种植的很多观念。

在具体的教学样态上，互补型是多样化的，可以是一节课中有几位教师同时介入，也可以是在不同时段上有侧重，比如这段时间以学科A教师为主，下段时间以学科B教师为主，而从整个学习进程来看，各学科之间不可分割。这样的安排，不会对学校和教师原有的教学进程造成太大的干扰，将课时排在靠近的时间段相对会比较容易。

(二) 递进型

递进型是指面对问题、主题、现象等载体，将其分解成可以按学科递进的结构。这样的跨学科学习呈现出多个学科问题链递进的样态，充分体现平等的学科视野，但是要完整地解决问题、解释现象或形成成果，则需要整合，如图2-5所示。

递进型组合中，学科间有比较明显的先后关系，需要先处理一个学科，然后才能进入另外的学科视野，进而两者共生。比如，在"如何用艺术形象表达细胞结构？"这个问题中，"艺术形象"和"细胞结构"是两个必不可少的概念，分别属于艺术和科学学科，但这里面就有很明显的递进关系，需要先解决"细胞结构"的问题，然后才能解决"艺术形象"的问题。再如，在"校园栖息地改造"项目中，先通过《蚯蚓日记》的阅读，将学生带入动物的视角来思考，再进行校园动物搜索和栖息地观察，然后再引入到对动物的家进行改造，这其中就有比较强的递进关系，如果顺序颠倒了，项目就难以顺利开展。

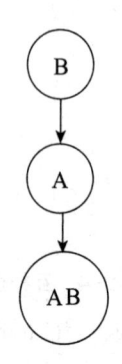

```
    B
    ↓
    A
    ↓
   AB
```

图2-5　递进型

递进型的设计也是在分学科的本土教育情境中的产物。面对同样的跨学科问题，不同学科的教师可以在不同阶段发挥作用，所有涉及的学科教师需要形成跨学科的共识，但仍然可以以本学科的教学为主，在特定的阶段支持学生的持续探索与跨学科理解的形成。

（三）冲突型

冲突型代表了学科之间的一种对抗后再妥协融合的关系，如图2-6所示。在真实世界中，面对同样的现象、问题、事件，以不同的学科视角审视会有不一样的理解。人类购买并食用糖果，从学科A的经济视角来看，可能是促进经济发展的好事，但从学科B的医学视角来看，则可能是人类健康的隐患。冲突融合是真实世界中的学科常态，在跨学科学习设计中，如果有意识地引入学科视角的冲突，并让学生经历这些冲突，将更能激发学生对这些学科深层次问题的理解，培育更开阔和多元的视角。

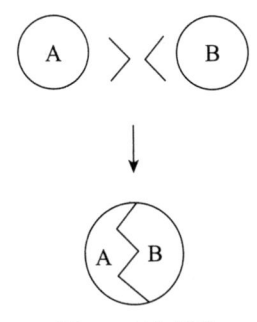

图2-6 冲突型

面对跨学科问题，冲突型首先不是将问题拆解成子问题或子项目，而是整体直面这一问题，从不同的学科专家视角分别整体界定、分析这一问题，并提出在不同学科专家视角下的解决方案。这些解决方案可能有相通的地方，互为补充，但也有可能存在冲突，这就需要学科之间的整合，以此达成跨学科新理解和形成新成果。

以八年级"水稻外交"跨学科项目化学习为例，这个项目化学习跨地理、生物学以及道德与法治三门学科。[1]项目化学习的驱动性问题与全球粮食援助有关，学生在这个项目化学习中需要选择适合与中国建立水稻外交的国家，并成立"袁梦计划联合工作组"，以外交官、生物学家和地理学家等身份对该国进行调查，提交针对某个国家或地区的援助方案。三种不同的专家身份体现了三种不同的学科视角，学生需要先从学科专家的角度看待问题，同时根据模拟联合国的议事规则，进行不同视角下的论辩，形成冲突与融合下的新理解和成果。

上述两大类六种结构只是跨学科学习学科组合的一些基本类型，各类型之间还可以进行灵活的整合、转化，形成更多的组合。越复杂的跨学科学习，其中所蕴含的结构类型可能越多样，组合的方式也越复杂。

---

[1] 本案例来自上海师范大学附属第二实验学校。设计与实施：黄昊礽、汪丹丹、陈莹、陆燕冰、胡美娜。

第三章

跨学科学习跨的载体

跨学科学习如何跨？每个学科都有其特定的知识逻辑体系，在分学科的教育体制下，教师来自不同的学科，教不同的学科内容，要使教师在学科之间"跨"起来，需有跨的"载体"。本章我们分析若干种常见的载体，用图3-1表示跨学科学习"跨"的总体思路。

```
┌─────────────────────────────────────────┐
│           跨的载体                       │
│    主题、问题、现象、项目、成果、概念……   │
└─────────────────────────────────────────┘
  ┌──────┐  ┌──────┐          ┌──────┐
  │ 学科A │  │ 学科B │  ……    │ 学科N │
  └──────┘  └──────┘          └──────┘
┌─────────────────────────────────────────┐
│           跨学科理解                     │
│ 理解主题、解决问题、解释现象、完成项目、  │
│         形成成果、澄清概念……             │
└─────────────────────────────────────────┘
```

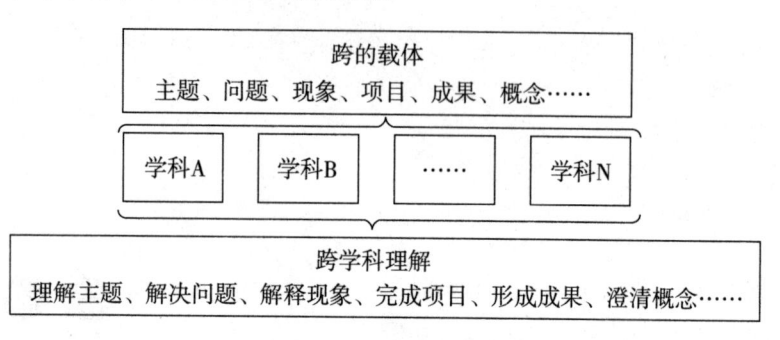

图3-1 跨学科学习跨的载体

从上图可见，跨学科学习的载体是多样的，而不管载体是什么，都是用主题、问题、现象、项目、成果、概念等不同的载体来"跨"学科，从而达到跨学科理解的目的。比如费孝通的《乡土中国》，在语文学科中属于整本书阅读的任务群，但是我们如果有意识地运用上述的各种载体，就可以同时指向跨学科学习任务群和整本书阅读任务群。

主题——中国乡村的社会结构变迁。

问题——如何用《乡土中国》中的核心概念来分析鲁迅小说中的人物关系？

现象——出示各种农村留守儿童和老人的生活场景，请学生基于《乡土中国》的阅读发表观点。

项目——选取自己或家人曾经生活过的一个乡镇，结合《乡土中国》中的2—3个概念，考察这一乡镇的当下与《乡土中国》中所描述的异同，通过图文并茂的形式举办一个当下乡土中国考察展。

成果——撰写一份关于乡村变迁的社会调查报告。

概念——差序格局、乡村社会中的权力结构。

上述载体形态不同，但都有一个共性，就是可以促进各学科在知识、能力、概念、思维方式等多个层面的"跨"。本章我们将基于这一共性具体分析不同载体。

一、基于主题的"跨"

主题是跨学科学习的载体之一，主题可以起到不同学科的黏合剂的作用。如前所述，新课标中所谈的"跨学科主题学习"，首先是从内容领域的层面来界定的。

（一）作为课程标准中学科内容领域的"跨学科主题"

"跨学科主题"在2022年版课标中首先是一个内容概念，是在学科内容领域中单独划分出的一部分内容，这部分内容可以采用基于问题的学习、项目化学习等教学方式。相较于以往在学科外单独做跨学科，目前课程标准将跨学科内容纳入每位教师的学科范畴之内，提高学科教师的接受度和实践度。课程方案中的"跨学科主题"是一个统称，在各学科课程标准中，虽然表述各不相同，但实质都是给出内容主题。

表3-1 2022年版各学科课程标准中的跨学科主题名称

学科	跨学科主题名称
语文	跨学科学习任务群
数学	综合与实践
历史	跨学科主题学习
生物学	生物学与社会·跨学科实践
物理	跨学科实践
化学	化学与社会·跨学科实践
地理	跨学科主题学习
科学	跨学科概念
艺术	融入跨学科学习（学习任务5）
信息科技	跨学科主题
体育与健康	跨学科主题学习

值得注意的是，表3-1中的"跨学科实践"，并不是从提出问题、建立模型等实践的角度来描述的，而是带有主题内容的性质。有些学科不在此表中，如道德与法治、英语等，是因为其本身就具有综合性，或本身就是用主题来架构的，所以在其课程标准中就没有明确的跨学科内容板块。

大多数学科或多或少地描述了跨学科主题下的基本要点或方向，有些学科描述得更具体明确，有些学科则描述了大致的方向，下面做一梳理（见表3-2）。

表3-2　2022年版各学科课程标准中的跨学科主题

学科	跨学科主题
生物学	1. 模型制作类跨学科实践活动 2. 植物栽培和动物饲养类跨学科实践活动 3. 发酵食品制作类跨学科实践活动
物理	1. 物理学与日常生活 2. 物理学与工程实践 3. 物理学与社会发展
化学	1. 化学与可持续发展 2. 化学与资源、能源、材料、环境、健康 3. 化学、技术、工程融合解决跨学科问题的思路与方法 4. 应对未来不确定性挑战 　（1）科学伦理及法律规范 　（2）社会性科学议题的合理应对 5. 跨学科实践活动（提供了10项活动）
地理	1. 探索太空，逐梦航天 2. 二十四节气与我们的生活 3. 应对全球气候变化 4. 区域发展 5. 美化校园

续表

学科	跨学科主题
历史	1. 中华英雄谱 2. 小钱币，大历史 3. 历史上的中外文化交流 4. 历史上水陆交通的发展 5. 生态环境与社会发展 6. 在身边发现历史 7. 探寻红色文化的历史基因 8. 看电影，学历史 9. 历史地图上的世界格局 10. 古代典籍中的中华优秀传统文化
艺术	1. 音乐与社会生活、姊妹艺术、其他学科 2. 美术与姊妹艺术、社会、其他学科 3. 舞蹈与姊妹艺术、其他学科、社会生活 4. 运用戏剧手段组织校园活动、运用戏剧方式进行知识学习 5. 影视：传统文化的血脉、红色经典的基因、现代科技的力量、多元文明的精华
体育与健康	1. 钢铁战士 2. 劳动最光荣 3. 身心共成长 4. 破解运动的"密码" 5. 人与自然和谐美
信息科技	1. 数字设备体验 2. 数据编码探秘 3. 小型系统模拟 4. 互联智能设计

上述这些跨学科主题可以成为学科教师设计主从型跨学科学习的参考，同时，通过概览上述主题，教师也可以找到其他学科和本学科的关联之处，学校可以组建多学科团队完成并重型设计。

（二）主题的其他类型

上述2022年版课标中的跨学科主题主要来自学科与真实世界交织的部分。如下我们提供另外一些框架作为主题结构。

1. 指向可持续发展的系列主题

2015年，联合国可持续发展峰会上正式发布17个可持续发展目标，这些目标指向社会、经济和环境三个维度的发展主题，旨在呼吁大家用综合方式对这些主题予以关注，走上可持续发展道路。

图3-2　联合国17个可持续发展目标

如图3-2所示，这些主题涉及经济、医疗、教育、气候变化、性别平等、能源等多个方面，如目标3是"良好健康与福祉"，意为确保健康的生活方式，提升各年龄段人群的福祉，内容包括加强提供清洁用水和卫生设施，消除各类疾病的传播，解决多种顽固的和新出现的健康问题。这一架构提供了与人类可持续发展中的重大主题息息相关的框架，新课标中所列出的物理、化学、数学的主题，也可以与这一框架建立起联系。

这些主题可以张贴在教室里，作为汇聚学生问题的聚合器。在学习中，提醒学生所学的地理、物理、生物学、语文等材料中的某些具体内容和这些主题有关。上述主题也可以用作跨学科教学的工作坊或教师研修的主题，增进教师在这些领域上的知识积累。通过这种方式，建立宏大主题和学生学习经验、教师经验之间的联系。

2. 探索自我与世界的系列主题

这一类主题比较典型且成体系的当属IB（International Baccalaureate，国际预科证书）课程体系，其6大主题都是从"我们"出发，发展自我与世界的关系，每一个主题都有自己探究的重点方向（见表3-3）。

表3-3　IB-PYP（Primary Years Program，小学项目）的相关主题及其内涵

主题	主题内涵
我们是谁 （Who we are）	对自我本质的探究；对信仰与价值观的探究；对个人、身体、心智、社交和精神健康的探究；对各种人际关系，包括家庭、朋友、社区和文化的探究；对权利与责任的探究；对作为人的意义的探究
我们身处什么时空 （Where we are in place and time）	探究我们在时空中的方位；个人的历史；家庭和旅程；人类的各种发现、探索与迁徙；从本地与全球的观点考察个人与文明之间千丝万缕的联系
我们如何表达自己 （How we express ourselves）	探究我们发现和表达观点、情感、大自然、文化、信仰与价值观的方式；反思、扩展、享受我们创造的方式；我们的审美鉴赏
世界如何运转 （How the world works）	探究自然界以及自然规律；物质与生物的、自然界与人类社会的互动；人类如何利用他们对科学原理的理解；科技进步对社会与环境的影响
我们如何组织自己 （How we organize ourselves）	探究人类创造的制度与社区之间的相互联系；各种组织的结构与功能；社会决策机制；经济活动及其对人类与环境的影响
共享地球 （Sharing the planet）	探究努力与他人及其他生物分享有限资源时的权利与责任；群体内部及之间的关系；机会均等；和平与解决冲突

上述主题可以转化为学校的"主题式"课程结构，比如上海市徐汇区康健外国语实验小学的"4+1"课程，在整体课程结构上类似IB-PYP的主题式，分成6个主题，在每个主题下又进一步分出子主题，一至五年级一共有30个年级子主题，每个年级子主题都有自己的内涵，如表3-4所示。

表3-4　主题与年级子主题：以自我组织为例

主题	年级子主题				
	一年级	二年级	三年级	四年级	五年级
自我组织：探究人类创造的系统与社区之间的相互联系；各种组织的功能和结构；社会决策机制；经济活动及其对人类与环境的影响	学校的生活：学校的功能和运转方式；老师和伙伴；学校是快乐学习的地方；遵守规则和校园安全；自我管理和班级服务	社区的功能：不同的公共场所和它们的功能；我们所属的不同社区；人们在各自所属的社区中扮演不同的角色；制订社区服务计划	系统的结构：系统与部分的关系；中国政府的组织结构；上海市的区县分布；徐汇区政府的构架和部门功能；公民的权利与责任	职业的发展：职业的不同性质和内容；职业的尝试和体验；职业的变化；社会的发展和有潜力的职业；职业道德	机构的决策：联合国大会等多边议事机构的概念、运作方式和模拟；国际关系与外交基础知识，世界发生的大事对未来的影响；自身在未来可以发挥的作用

这样的主题结构不是零散的，而具有整合的、结构化的特征。在这样的课程结构下，围绕这些主题，可以开展各种或长或短的主题活动、微项目、跨学科项目。

二、基于问题/现象的"跨"

这一类"跨"的载体是具有真实性的问题或隐含问题的真实现象。问题和现象具有内在的一致性，跨学科的问题往往产生于真实的现象中，所以此处放在一起阐述。当然，现象比问题要多几步，首先需要学生发现问题、提出问题。而问题的方向不同，所跨的学科范围、深度也会有差异。

（一）什么是跨学科学习中的"问题/现象"

作为跨学科学习载体的问题/现象应该具有真实性，能引发学生的跨学科思考，以此建立不同学科知识、技能间的联系，并应用不同学科的知识去解决问题或分析现象。什么是问题的真实性呢？它是指解决情境中的问题需要运用的方法和思路与真实世界中的挑战具有相似性。威金斯等人（2017）描述了真实性问题情境的三个特点：具有现实的意义；具有复杂的情境脉络；具有开放的学习环境。根据真实性的程度，如下分出四种从低到高的类型：虚假真实、净化真实、模拟真实、现实真实，见表3-5。

表3-5 真实性问题情境类型

类型	具体内涵
虚假真实	为了某个知识点而人为构造的假问题，情境与现实生活不相符
净化真实	基于真实情境提出的简化的问题，为知识的习得设定、简化了特定的条件
模拟真实	模拟过去、现在或未来的情境中的各种因素和限制条件而提出的问题，提出模拟问题解决的成果，进行模拟检验
现实真实	源于现实世界的问题，在现实情境中可以应用和操作，面对真实的受众，形成可应用于现实世界的设计或方案，并接受来自真实世界的受众或专家的检验

真实性问题可以是对真实世界中的问题的修订、改编，使其更适合于跨学科学习。从学科出发设计跨学科问题也是可以的，但要注意不要从只需要计算、背诵、默写就可以达成的低阶认知的角度出发来设计。

真实性问题情境会带动不同学科知识和技能的融入，并且会带来多元的视角、观点和解决问题的路径。越具有真实性的问题情境越需要学生深度的跨学科学习。里夫斯等人（Reeves et al., 2002）[563-564]描述了真实性问题情境所带来的跨学科学习的特点：在这样的情境中，学生有机会调用多种资源和观点来界定问题；通常需要和他人合作完成；为学生提供自我表达的机会；允许出现不同的问题解决过程和结果；包括过程性和结果性的评价；允许对结果进行多元解释。

（二）跨学科学习的"问题/现象"类型

从上述分析可见，适合进行跨学科学习的问题或现象一般都具有真实性、开放性和多种路径解决的特征。以下的不同问题/现象分类将有助于我们进行分类思考。

1. 根据问题显性程度分类

在跨学科学习中，学生有时候解决的是明确的问题，而在真实世界中，学生很多时候碰到的是现象，至于能否从现象中提炼出问题，不同学生的表现是不一样的。如果我们希望学生不仅能解决给定的问题，更善于主动发现问题、建构问题，那就要给学生这样的练习机会。如下的现象/问题的分类就提供了这种可能。

根据迪伦（Dillon, 1982）对问题明确性的分类框架，结合对跨学科问题的分析，可将现象/问题分为三类（苏小兵 等，2020）[45-46]。

（1）明确的跨学科问题情境（evident problem-situation），指情境中明显存在跨学科问题事件，不需要刻意挖掘就可以发现问题。

（2）隐晦的跨学科问题情境（implicit problem-situation），指情境中存在问题事件，但不明显，需要有意识地从不同视角去发现和挖掘。比如"不同地区的植物显示出不同的生长情况，请挖掘地理条件和植物生长之间的关系"这一问题情境，同时涉及地理和生物学两个学科。

（3）潜在的跨学科问题情境（potential problem-situation），指情境表面上不存在问题，需要个体去建构问题。比如儿童友好型社区的规划，其中涉及哪个问题、哪些学科，都需要学生自己主动建构。

上述三种情况需要学生经历不同的认知活动，见表3-6。

表3-6 不同问题情境下问题生成和解决的认知活动（苏小兵 等，2020）[46]

问题情境	问题生成 ←	认知活动 →	问题解决
明确的	看出情境中的问题	感知情境（识别）	认识到有现成的解决方案
隐晦的	找出隐藏的问题	分析数据/资料（发现）	寻求解决方案
潜在的	根据情境创造问题	建构问题事件（创造）	产生解决方案

面对隐晦的问题情境，学生需要感知、识别情境信息，并对识别的信息进行分析，以发现隐藏其中的矛盾事件；在潜在的问题情境中，个体甚至需要去建构、创造和发明问题事件。在学生的跨学科学习中，要让学生有机会接触隐晦的、潜在的问题情境。

2. 根据问题所跨程度分类

问题可以跨两个、三个甚至更多的学科。问题跨的学科越多，带动的知识、能力类型越多，知识和能力之间的联结会变多，复杂性也会增加。罗日叶（2010）根据问题是否指向新的目标，区分了问题的复杂性（complexity）和复杂化（complicate）。"复杂性"是指没有增加新的目标，只是情境的要求变多，如数学四则运算中增加了一个数字的计算；"复杂化"是指增加了新的目标，如在美术中对线条的学习要求上增加了用色的搭配。

当我们需要学生在同一个年级对相同的目标/知识/能力提高迁移性的时候，通常需要变化的是问题情境的复杂性，可以通过设计不同的情境来实现。当我们需要学生实现更多样的目标，情境的设计就应该更复杂化（刘徽，2021）。以下是我们设计的一组情境：

情境1：你所在的学校（亚热带季风气候）邀请你作为园艺师来设计校园里的植被，如何设计方案能让校园四季都有不同类型的植物？

情境2：如何制作能够展示出不同气候特征的植被模型，并向学弟学妹们清晰展示、讲解？

情境3：在高温、多雨、湿度大、年降水量一般超过2000毫米的地区，如何设计植被才能使它们适应这个地方的气候？

情境4：学校开辟了几处空地，邀请你作为园艺师来进行植被设计，学校有一定的成本控制，你如何在现有条件下，设计出有依据的方案让校园四季各有盛开的植物？

情境5：学校开辟了几处空地，邀请你作为园艺师来进行植被设计，你如何在现有条件下实地种植，使明年入学的学生能够在入学后的秋冬季节看到不同色彩的植物园？

情境6：如何根据不同地区的气象预报来推测当地可能存在的植被类型？

上述情境1—6都围绕同一个大概念"气候和植被之间的影响关系"，即"植被对气候具有调节作用，气候变化影响物种的丰富度、光合作用等"，而在复杂性和复杂化上的程度不同。

相较于情境1，情境4、情境5围绕的大概念有所变化，情境4增加了"工程问题界定"的大概念，而情境5则增加了"工程问题界定"和"物化"的大概念，因此情境1→情境4→情境5是复杂化递增。情境1和情境3，情境6和情境2的难度相同，具有等价性，但因为变化了情境，真正理解的学生能够透过现象看本质，而不理解的学生可能会碰到一些问题。

3. 根据问题认知类型分类

马扎诺等人（2012）根据认知类型区分了六类问题：问题解决、决策、创见、实验、调研、系统分析。波斯纳等人（2010）区分了探究导向、鉴赏导向、问题导向、决策力导向、技能导向、个人成长导向等六种问题导向。我们可以根据问题的来源和认知类型将其整合为三大类：需要探索解决的探究性问题；需要同理创造的设计性问题；需要理解本质的哲学性问题。这三类问题都带有鲜明的跨学科特征。

● 需要探索解决的探究性问题

真实世界中的很多问题都属于这一类，大到诸如黄河流域生态脆弱如何破解、城市热岛效应会产生什么危害，小到如何调节室内的灯光以保护视力，这些问题都需要通过探索来解决。在跨学科学习中，往往可以用真实世界中的问题作为"原型"，进行适当改造，使之与跨学科学习的目标更加匹配。

问题的可探究性、真实性、开放性与挑战性决定了跨学科学习的深度。如下是初中跨学科案例分析的一道试题，这道题目描述了一个跨学科情境。

清明节见闻

清明是我国二十四节气之一。届时太阳直射点已经越过赤道并继续向北移动，我国白昼时间随之变长，气温逐渐升高，气清景明，万物皆显，正是踏青郊游的好时节。每年清明假期，闵敏一家除了踏青、扫墓，还会吃青团。

喜欢研究美食的闵敏对青团很好奇，查找了一些资料，得知清明节吃青团主要是江南一带的习俗，可追溯到两千多年前的周朝，制作青团时，常将艾草汁（或其他绿色蔬菜汁）揉入糯米粉，包上豆沙制成，蒸熟后食用。食用后，青团进入消化道。其中的淀粉最终被分解成葡萄糖由小肠吸收进入血液，从而使血糖浓度升高（小肠是人体消化和吸收营养物质的主要场所），健康人通过生命活动调节使血糖浓度保持在正常范围内。

> 　　制作青团的艾草是菊科、蒿属植物，在上海野外比较常见。闵敏进一步查到了最适宜艾草生长的气候环境条件，以冬冷夏热、降水较少且集中的温带大陆性气候，以及夏季高温多雨、冬季寒冷干燥的温带季风气候居多。根据这些资料，结合上海气温和降水特点，闵敏提出"上海有艾草生长的适宜条件，可以大力发展艾草种植产业"的想法。[①]

其中有这样两个问题：

1.闵敏提出"上海有艾草生长的适宜条件，可以大力发展艾草种植产业"的想法是否合理？为什么？

2.闵敏一家外出扫墓时，看到墓园门口的告示，"禁止焚烧锡箔、纸钱；如已携带，敬请带回，或用您的锡箔换取我们的鲜花"。请解释这样做的积极意义；除用鲜花换锡箔外，请再提出两条文明、低碳、安全的祭扫建议。

上述两个问题都具有一定现实情境性，但是第一个问题更带有实质性的跨学科的意义，学生要去分析艾草的生长条件和上海的地理、气候特征之间的关系，相对来说挑战性更强；第二个问题的探究空间相对少一些，学生结合生活经验就能给出相应的回答。

● **需要同理创造的设计性问题**

这一类问题需要学生运用创造性、表现性的方法来解决，上文马扎诺所说的创见、波斯纳所描述的鉴赏导向，以及与设计、创作有关的问题都可以归于这一类问题。这一类问题往往需要借助设计思维，有多个解决方案，需要借助于艺术、信息科技等学科。比如：

冬天学校的花园里光秃秃的，色彩十分单调，如何设计能够让四季都充满色彩的植物种植方案？（生物学、艺术、语文）

如果我们能把那些已经成为艺术品的名家之作，用我们自己的方式进行再次创作，用一位艺术家的艺术风格改造另一位艺术家的代表性作品，再把殿堂级的作品融入我们的生活中，你将会创作什么样的既有艺术高度又能在

[①] 内容来自2021年上海市闵行区二模考试中的跨学科案例分析。

生活中长久使用的艺术作品呢？（劳动、信息科技、美术）

如果请你帮助一只在寒风中的小狗搭建狗屋，你将如何画出狗屋的屋顶（在坐标平面画出三角形），做出四个全等的屋顶框架（通过运用各种三角定理证明全等），并购买木材（计算并合理解释材料的成本）？你将如何运用合理的故事要素将这个过程创编成一个故事，来呼吁更多的人关爱流浪狗？（语文、数学）

- **需要理解本质的哲学性问题**

这类问题与大概念有关，是具有迁移性的、常问常新的问题，如果这类本质问题能带动两个以上的学科来回答这一问题，那么，也可以作为跨学科学习的问题。比如下面的两个问题：

物质转化过程中的能量是如何转化的？

不同的社会环境对人类的行为和思考方式有何影响？

当然，需要理解本质的哲学性问题在基础教育的不同年段还可以进一步具体化和情境化，以促进特定年段学生的探索。比如第一个本质问题就可以转化为设计性问题：

如何设计一个游戏来可视化地表明一种能量转化为另一种能量？

三、基于成果／项目的"跨"

以"成果""项目"为载体的跨学科学习通常会产生真实的成果。[①]这样的成果往往具有审美和实用的意义，是富有创意和探究性的，比如一个能体现物理原理的会动的玩具、一盏有着立体形状的元宵灯笼。鉴于项目成果是项目化学习的典型特征，本部分将成果和项目统整起来论述。

（一）什么是跨学科学习中的"成果"

跨学科学习成果需要跨两个或以上的学科。 跨学科学习要形成跨学科理解，跨学科理解可以是一种观念、认识，也可以用可见的作品、报告等成果呈现。跨学科学习中的成果要反映两个及以上的学科相互碰撞交融而成的新

---

① 关于以项目为载体的跨学科学习即项目化学习，我们已有系列论述，本部分不再专门阐述。

见解。比如相较于诗歌集，诗画集就更能体现跨学科学习的特点。

有的成果貌似跨学科学习成果，但事实上却是拼学科或多学科。道登（Dowden，2007）举了一个例子，如果要求学生制作一张涉及数学和语言的海报，学生首先构建数学表并将其上传到计算机上，然后使用语言技能在海报中填充相关信息。尽管此活动包含两个学科，但学生可以通过分别完成任务的每个部分来划分学科（例如，他们去计算机教室完成数学部分任务并上传他们的表格，然后返回教室学习语言方面的内容），任务期间没有整合学科。

跨学科学习成果需要具有真实性的意义。跨学科学习的成果是真实世界中的人们有可能形成的成果，比如一个产品、一个方案。学生需要面对真实或模拟的用户，分析用户的需求，调整成果的方向、细节，这就让跨学科学习的成果往往都具有生活价值，具有超越知识的审美性和实用性。

跨学科学习成果可以自然整合，比如"为学弟学妹们创作一副西游记主题的桌游"会带来整本书阅读和设计思维的整合；也可以是"刻意"整合，比如"制作一个有故事的电路图"，而故事不是电路图的自然属性。这种"刻意"的成果有一个微妙的界限，有些时候能让学生感受到其中的创造性，有些时候会让学生感觉"硬跨，多此一举"，这种复杂的微妙关系的临界点就在于其真实性。比如在一份诗歌作业中一定要让学生加入一些数学计算，就会显得虚假且刻意。

跨学科学习成果要反映学生的认知进步。作为跨学科学习的成果，要能从成果中反映学生的认知进步。学习目标中涉及不同学科的重要概念或能力需要在成果中有所体现，即从成果中能够判断学生的学习质量。为此，跨学科学习的成果需要伴随学生的说明、解释，需要将成果通过公开展示的方式进行交流。公开展示成果可以让学生的学习变得更有动力，让学生再次回顾自己的历程，促进学生反思。

（二）跨学科学习成果的类型

跨学科学习成果不管如何分类，都要反映跨学科理解。以下是两种分类方法。

1. 根据真实性程度不同进行分类

跨学科学习成果的"真实性"体现出一种渐变的特征，如图3-3所示。

在ABCD四类情境中，从A类到D类构建了从不真实的成果到完全真实的成果的连续体，也是从课堂逐步走向真实世界的变化体。一般情况下，如果教师能够在B类或C类中进行实践和探索，就会给学生带来不断增强的真实体验和感受。

对学校来说，如果能做到D类完全真实的成果当然很好，但因为课时、所需资源等各种限制条件，这一类的比例不会很多。如果教师能够在日常教学中增强学习的真实性，从不真实的成果逐步过渡到少量真实、部分真实的成果，也能增强学生学习的内动力和灵活性。

A.不真实的成果

描述：回应学习目的，构造情境，按知识或技能的达成目标而不是真实需求形成成果

例子：回应数学、道德与法治等学科的学习目的，构造光盘的需求情境，按知识的达成目标而不是真实需求，用给定数据练习计算光盘均值

B.少量真实的成果

描述：回应学习目的，构造情境，成果指向学习目标，但同时考虑模拟成果的用户需求、真实可行性

例子：回应数学、道德与法治等学科的学习目的，构造光盘的需求情境，如为学校制定提升光盘率的方案并考虑方案的真实可行性

D.完全真实的成果

描述：回应真实的用户需求或情境，实际形成方案或成果，在实际成果中检测成效和改进

例子：回应学校提高光盘率的真实需求，为学校实际制定提升学生光盘率的方案并付诸实施，进行检测，在实施中进行优化

C.部分真实的成果

描述：回应真实的用户需求或情境，也指向学习目的，形成模拟成果，在模拟成果中考虑用户或情境，可进行模拟检测

例子：回应学校提高光盘率的真实需求，运用数学知识和能力，模拟制定提升光盘率的方案

图3-3 以"光盘"为例的不同真实性程度的成果

2.根据跨学科成果的使用场景和实践方式进行分类

跨学科学习的成果往往是在一定场景中使用的，且需要经过相应的实践才能"做"出来，使其具有某种真实或模拟的功能。为此，我们从两个维度进行设计。第一个维度是使用的场景，分出五类常用场景：生活场景、科学场景、艺术场景、商业场景和历史场景；第二个维度是成果形成所需要的主要实践，也分出了五类：动手型、艺术型、表达型、决策型和探究型。如图3-4所示，它们之间的组合与搭配可以形成非常丰富的成果类型。

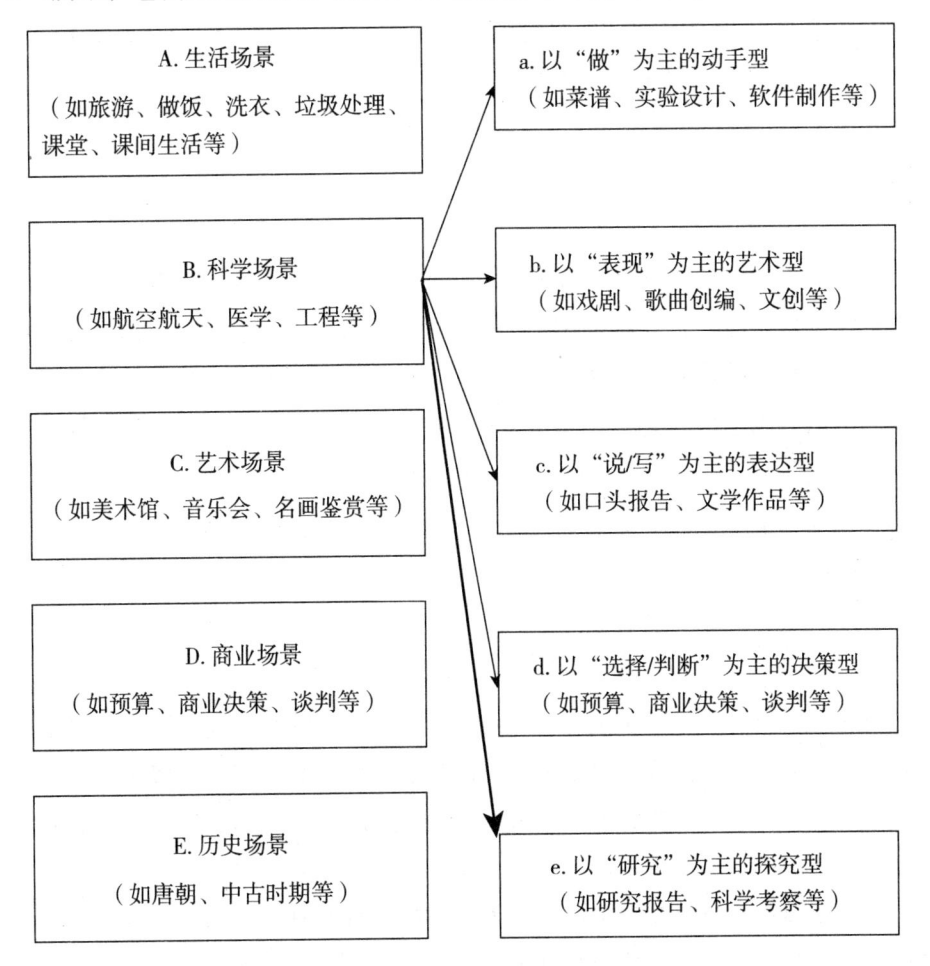

A.生活场景 （如旅游、做饭、洗衣、垃圾处理、课堂、课间生活等）	a.以"做"为主的动手型 （如菜谱、实验设计、软件制作等）
B.科学场景 （如航空航天、医学、工程等）	b.以"表现"为主的艺术型 （如戏剧、歌曲创编、文创等）
C.艺术场景 （如美术馆、音乐会、名画鉴赏等）	c.以"说/写"为主的表达型 （如口头报告、文学作品等）
D.商业场景 （如预算、商业决策、谈判等）	d.以"选择/判断"为主的决策型 （如预算、商业决策、谈判等）
E.历史场景 （如唐朝、中古时期等）	e.以"研究"为主的探究型 （如研究报告、科学考察等）

图3-4 跨学科成果类型（图中的箭头以科学场景为例）

以科学场景为例，科学场景以探究型为主，所以图3-4中用粗线表示二者的关联。这种实践和这类应用场景的性质最为匹配，如果按照这种搭配去设计，可以得到比较自然的成果，比如在考察和探究水污染的治理后形成一份研究报告。但是如果有意识地纳入其他实践形式的成果，将会增强成果的创意性、跨学科性，比如同样是探究水污染的科学场景，可以与a、b、c、d分别结合后形成其他几类研究成果，比如：可以是从废水到可用水的转变过程的模型（a.动手型），提醒人们关注水资源的保护；可以是一篇以废水中的污染物自述的文学作品（c.表达型）；还可以是由厂商、环保局、河道河长等不同的角色展开的是否要对水边的造纸厂建设进行投资的辩论（d.决策型）。这些有意识地跨的结果也会带来学生对这一问题更丰富的体验。

四、基于概念的"跨"

仅仅累积信息并不能带来深刻的理解。深刻的概念性理解能够产生跨时间、跨情境的迁移，继而培养和发展学生在相似观点、事件或问题上发现规律与建立联系的能力。教育部颁布的《普通高中课程方案（2017年版）》，明确指出"以学科大概念为核心，使课程内容结构化，……促进学科核心素养的落实"。在义务教育的课程方案和课程标准中，也有关于概念的类似阐述。课程标准和课程方案中引入大概念后，基于概念的跨学科学习也会有更多的应用。

（一）作为跨学科学习载体的"概念"

在跨学科学习中，学生可能会碰到很多概念，那么，什么样的概念才具有"跨"的性质，能作为跨学科学习的概念载体？我们把作为跨学科学习载体的概念称为"跨学科概念"（crosscutting concept）。这样的概念可能具有以下三个特征。

跨学科概念是学科之间的链接点。 跨学科概念是作为不同学科之间的链接点存在的，这些概念可以带动不同学科的整合。在跨学科学习中，可能会碰到不同学科的内容概念，比如"设计大山"这一跨学科项目化学习，既会涉及地理中的"山体垂直地带性分布"的概念，也会涉及生物学中的"植被随海拔变化的分布"等概念，这一类概念本是内容层面的概念，而整合在一起后就会形成"植被与所处地区的地理环境相适应"这一跨学科概念。因此跨学科概念是一种可以在不同学科的内容概念之间建立联系和思考的工具，能将不同的领域内容跨学科地联系起来。

跨学科概念要有学理依据或理智传统。跨学科学习中的概念最好不是自己生造的，概念的提取要比较谨慎，要有一定的来源脉络，不是所有的抽象的词语都可以称之为概念。有些词语，如"变化、改变、希望"只是日常用语，很难深入探讨其内涵。最好是在相关学术领域有学术来源，被广泛探讨和深入研究的概念，如"可持续发展、结构与功能"等，在科学领域、跨学科领域的IB课程、科学课程标准等各类资料中，都有相关的探讨，对其界定、年段特征等都有相关描述，类似这样的跨学科概念就会更具有延展性和迁移性。

跨学科概念作为跨学科学习的载体需要转化。与前述几种载体不同，跨学科学习中的"概念"载体首先是在目标层级出现的，很难直接教学，需要将概念转化为问题、成果、项目等。比如，面对"数字是数学中表示、描述和比较比率、比例和百分比的量化形式""设计是对已经确定的需求的响应"这样的两个概念性的描述，可以将其转化成义卖项目，提供各种手工材料让学生设计和销售产品，支持学生测算成本和利润。

（二）跨学科概念的表现类型与来源

从目前的探索来看，跨学科学习中的跨学科概念的来源有三类：（1）依托课程标准中已有的跨学科概念；（2）借鉴已有的比较成熟的跨学科概念系统，如IB的概念体系；（3）在学科碰撞中，生成的基于学科概念整合的跨学科概念。跨学科概念的表述形式也很多样，本书将其分成一个词或词组表述的跨学科概念、一句话陈述的跨学科概念性理解、本质问题式的跨学科概念三类。

1. 一个词或词组表述的跨学科概念

这一类是比较常见的跨学科概念，如"系统与功能""因果关系"等。这类概念的产生来源主要有以下三种：

第一，两个学科中相通的概念。这类概念在不同学科中都能找到，虽然内涵不一样，但却沟通起两个学科。比如"审美"，在语文的核心素养中有，在艺术的核心素养中也有，在"运用独特的画作和诗作来表达自己对人生的理解"这一跨学科学习中，"审美"就起到了链接这两个学科的作用。

第二，来自科学教育领域 / 科学课程标准中关于跨学科概念的界定。美国《新一代科学教育标准》（*Next Generation Science Standards*, NGSS）中对跨学科概念进行了解释，确定了七个贯穿各领域的概念，可以帮助学生逐步发展连贯而科学的世界观，从而将各学科的知识联系起来（National Research Council，2013）。这些跨学科概念是理解科学和工程学的基础。

- 模式
- 原因和结果
- 尺度、比例和数量
- 系统和系统模型
- 能量和物质
- 结构和功能
- 稳定与变化

上述每个跨学科概念都是由要素组成的。有些跨学科概念由单一要素组成，如模式，有些是由两个或以上相互作用的要素组成，如结构和功能。跨学科概念的构成要素依性质可分为两类：第一类主要说明事物变化的特征，是对科学内容的高度抽象和概括，如物质、能量等；第二类主要反映事物运作的根本原因，以及对事物进行分析的方法，属于分析方法的范畴，如模式等。

在《义务教育科学课程标准（2022年版）》中，提出了四个跨学科概念。相关课标解读中（胡卫平 等，2022），补充了跨学科概念的具体内容（见表3-7）。

表3-7 跨学科概念及内容

跨学科概念	学习内容
1. 系统与模型	1.1 系统由多个相互作用的部分组成,具有明确的边界
	1.2 系统模型表达了系统内部各部分间的相互作用关系以及系统与外部作用的关系
2. 物质与能量	2.1 物质与能量是系统的两个守恒量
	2.2 物质的流动与循环伴有能量的转移与转化,能量的转移与转化驱动物质的流动与循环
3. 结构与功能	3.1 结构与功能可以相互解释
	3.2 系统在不同尺度具有不同的结构与功能
	3.3 系统关键部件的材料、形状以及部件间的关系,决定了系统的功能
4. 稳定与变化	4.1 稳定是变化的动态平衡
	4.2 系统的稳定需要一定的条件
	4.3 反馈是控制系统稳定与变化的机制

2. 一句话陈述的跨学科概念性理解

这一类表述会更体现跨学科理解的特征,相当于描述了教师期待学生在跨学科学习中形成的理解,呈现为一句具有抽象性、迁移性的判断、阐述,如"社会经济的发展影响文化艺术形式的丰富性""对我们听到、读到和看到的内容提出疑问,将有助于我们成为有教养的良好公民"。学生要形成这样的理解,需要经过深入探究和学习。

这样的表述对跨学科学习的设计会有更强的引领性,因为这要求设计者在设计时要反复追问自己:我期待学生形成什么样的跨学科理解?我所设计的学习任务是否支持学生产生这样的理解?我用什么样的证据来判断学生是否达成了理解?

针对课程标准中已经给定的跨学科主题,如果希望用概念来引领,也可以将主题转化为概念。以历史为例,课程标准已经提供了很多内容主题,比如"历史上的中外文化交流",但是,如果我们希望做成更深入指向概念的跨学科学习，就可以将这一主题提炼成"开放包容的社会环境有利于文化的互鉴，文化在交流互鉴中日趋丰富多彩"这样的具有跨学科性质的概念描述，并进而覆盖三国至隋唐的社会环境和文化变化的具体内容。

3. 本质问题式的跨学科概念

上文关于"问题"载体的分析中提到本质问题，本质问题是概念的问题化表现。在难以提炼出概念性理解或难以找到适合的跨学科概念的时候，用本质问题提示方向，再支持学生在学习过程中凝练跨学科理解是一种更可行的方式。

有些词语并不适合作为跨学科概念，比如"交流"，如果只是单独这样一个孤零零的概念，学生难以理解，而且难以"跨"，但是如果将它转化为本质问题，它的价值就会凸显出来，比如"什么是有效的交流？""在运用第二外语时的有效交流与母语情境中的有效交流有何异同？"等问题都具有本质性，而学生凝练成的理解也具有迁移的意义。

在学校进行的各种跨学科学习中，挖掘出本质问题，用本质问题作为内容概念的黏合剂，将会促使学生更深入和序列化地思考。如下案例中的本质问题可以带动学生对涉及学科的内容概念进行整合：

我校前期开发了二年级第一学期跨学科学习项目"迎新巧克力竞标会"①，涉及自然、数学、美术三门学科的学科知识，其中自然学科的核心知识是"物体的三态变化"，数学学科的核心知识是"长方体、正方体的初步认识"，美术学科的核心知识是"图案的排列变化"。如何整合这些核心知识？我们分析提出了"如何通过改变物体状态与外形让物品具有特色"这一具有概念性理解的本质问题，并进而形成"如何制作一款特色巧克力礼盒参加竞标会"这一驱动性问题，从而让三门学科真正走到一起，建立了关联，形成了"跨"。

学校前期开发了三年级第一学期跨学科学习项目"萌虫旅社"，涉及自然、数学两门学科的学科知识，其中自然学科的核心知识是"昆虫的特征和习性""昆虫与所处环境的适应性"，数学学科的核心知识是"周长、面

---

① 本案例来自上海市徐汇区西位实验小学，由校长孙爱军提供。

积、体积"。根据项目需要，我们又增加了有关工程学知识"材料与功能、搭建、环保"，通过聚焦"如何优化昆虫的生态环境"这一具有概念性理解的本质问题，并将其转化为"如何合理利用材料为萌虫在校园里建造一个适宜的居住地"的驱动性问题，引导学生进行探究。

4. 整合各种表现形式的跨学科概念

上述的概念样态并不是孤立的，它们相互之间可以转化，而不同概念样态之间的转化可以深化师生对概念的理解。国际文凭组织（2010）在IB-PYP课程中界定了八大概念，其中集合了上述每一种表现形式，支持学生对概念的更完整理解。下面以"形式"这一概念为例进行说明（见表3-8）。

表3-8 "形式"概念的多种表现形式

概念	表现形式
形式	词
它是什么样子的？	本质问题
理解每个事物都有自己存在的形式，都有可观察、可识别、可描述及可分类的特点	概念性理解
语言视角：每种语言都有独一无二的形式 数学视角：对模式和其他信息进行认知、分类和描述 科学与技术视角：大多数事物都有其特定的形式或形状，它有外在的或可见的表现及内部结构 社会研究视角：事件、任务和地点具有可识别的特征，从而在时间、空间和社会层次上将它们区分开来	学科领域的概念性理解

在IB课程中，这八大概念具有超越事实的持久价值和迁移价值，可以统摄具体的学科概念。

总之，上述四类载体形态不同，但其内部具有相通性。主题、问题/现象、成果/项目、概念在适当的情况下，都可以相互转化。上述探讨有助于我们更深入地理解不同载体的特性，在不同的载体间进行更富有创造性的组合，如形成大主题下的各种小项目，或构建大项目下的主题系列，或是探究一连串的跨学科问题后再形成成果。

第 四 章

跨学科学习：一种基于学科的设计

跨学科学习可以从真实的问题、现象、成果等切入，寻找其中的学科学习目标，也可以从不同学科的目标整合切入，为实现"跨"的目标而有意识地设计问题、项目、成果。不管是哪种思路，都需要具有"跨"的意识。本章将基于前三章的分析提出跨学科学习的设计框架。

一、跨学科学习的设计框架

本书构建了跨学科学习的设计框架，分成以下四部分：确定跨学科学习的起点——明确跨学科学习的目标——设计适合的载体——根据载体设计具体学习任务，为了便于阐述，分别用A、B、C、D四个字母指代。

图4-1是一个整合的设计框架图，呈现了这四部分之间的关系。

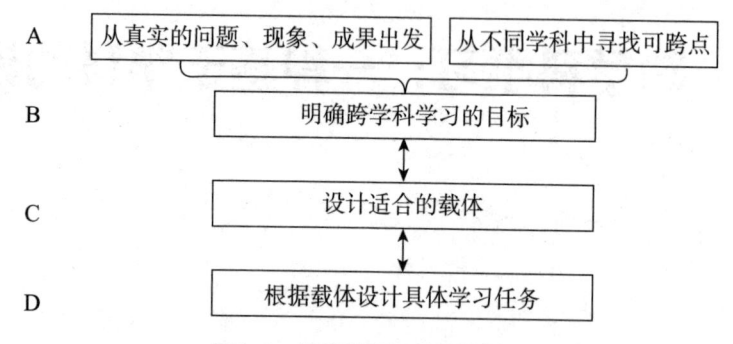

```
A    从真实的问题、现象、成果出发    从不同学科中寻找可跨点
                        ↓
B           明确跨学科学习的目标
                        ↕
C              设计适合的载体
                        ↕
D          根据载体设计具体学习任务
```

图4-1　跨学科学习的设计框架

上述设计框架同时蕴含着评价的设计，跨学科学习的评价与设计不是割裂的，而是一体两面的关系。我们将在第五章具体阐述。

A回应的是跨学科学习的起点，即到底从哪里开始跨。关于这个问题，本框架提供了两种路径。左边的路径体现跨学科学习中的跨学科立场，是从真实的问题、现象、成果等角度切入。右边的路径则体现跨学科学习中的学科立场，是从对不同学科的分析入手，寻找学科之间的链接点，再转化为可跨的载体。

B指向跨学科学习的目标定位。不管从哪一路径切入，都要明确目标的类型和要求。目标定位的认知程度的高低、知识范畴的大小与载体的复杂程度之间是息息相关的。

C涉及明确与优化和目标匹配的载体。当明确了目标后，需要选取适合的载体，并明确、优化和调整载体，以保证和目标之间的一致性关系。

D描述的是具体的学习任务的设计。比较简单的跨学科学习可能仅包含一个学习任务，而比较复杂的跨学科学习会涉及多个学习任务，这就要求教师考虑如何根据载体做好具体的任务设计。

总之，上述框架总体呈现出一种跨—分—跨的思路，从跨学科的载体切入，明确跨学科学习的目标，进而在学科中获得营养，产生跨学科的新理解。

本设计框架旨在回应当下跨学科学习设计与实施中的一些误区：（1）没有明确的跨学科学习的目标；（2）跨学科学习的载体不明确，载体没有体现跨学科学习的特征，载体与目标之间的关系不一致；（3）跨学科学习的具体任务设计逻辑混乱；（4）学生在跨学科学习中学到了什么、发展了什么、在多大程度上借鉴了学科见解不明确；（5）只是完成一些活动，没有形成跨学科理解。

二、跨学科学习如何开始

图4-1的A部分描述了两种开始跨学科学习的思路。

（一）从真实的问题、现象、成果出发的设计路径

问题、现象或成果，如果有真实的目的、来自真实世界，那它们往往是跨学科的。它们可以是学生自己发现的，也可以是教师改造或构造的，但往往基于真实世界中的原型。例如，为残疾人设计代步车，直面黄河流域的脆弱生态现象，这些源自真实世界的需求、现象直接冲击学生，让他们感受到跨学科学习的真实价值和意义。从这些载体出发，跨学科学习就有了必要性和为真实世界而生的创造性。

这一路径能很好地包容"学生声音"，学校或教师可以鼓励学生从身边的社区、自然界等多种情境，从文学、历史、科学、艺术等多个领域中发现真实的、自己感兴趣的问题。但由于来自学生或真实世界的问题往往是"原

生态"的,教师需要通过与学生讨论他们所关心的问题,将学生感兴趣的原始问题转化为可探究的跨学科问题或主题,进而确定跨学科学习的切入口。比如,学生可能会喜欢喝可乐,会喜欢玩电子游戏,会在太阳很晒的时候涂防晒霜,喜欢看动画片等,这些都是他们身边的现象或个人的兴趣,教师可以通过提问引导学生形成更富有探究性的问题。以下是教师与学生交流的一个例子:

学生:我想喝可乐,但是怕影响健康。[1]

教师:为什么你觉得可乐不健康?

学生:喝多了容易得糖尿病。

教师:糖类的本质是什么?如果人体摄入了过多的糖分会怎么样?

学生:醛类化合物。如果糖分摄入过多,可能无法代谢,影响人体健康。

教师:可是果汁、大米里面也有很多糖类,你为什么没有这么担心呢?

学生:可能是因为它们的含糖量不同。

教师:是吗?那么我们可以如何验证你的推测,判断它们的含糖量呢?

从上述案例中,我们可以看到,教师的引导是富有转换性的,学生开始感兴趣的是一个日常生活问题,但是教师通过逐步地询问学生原因,引导学生发现隐藏在现象背后的本质,将这一问题与其他相关现象进行比较等方法,将其逐步转化成一个可探究的真实问题。

(二)从学科的核心素养、概念分析出发的路径

教师有意识地寻找学科之间在主题、能力、概念等多类目标上的可跨点,澄清跨学科学习的目标,进而有意识地寻找设计真实世界中与之匹配的问题等载体。

教师比较习惯于在主题层面上寻找可跨点,比如,音乐中有关于春天的歌曲,语文中有关于春天的古诗,英语中有关于季节的相关表达,于是就可以做一个关于春天的主题学习。类似的做法很多,但是这样的"跨"往往只停留于表面,看上去是用了主题这类载体,但这并不是跨学科的主题,只是

---

[1] 本案例来自北京王府学校科学组张扬老师等,对教师语言有微调。

拼学科的主题或多学科的主题。

为此，在分析学科之间的可跨点时，最好是在学科核心素养、概念、能力、本质问题等层面上进行链接（见表4-1）。

表4-1　学科之间的可跨点

可跨点	典型样例	所跨学科的链接点
共通的能力	观察	语文中的观察能力 科学中的观察实践
共同追问的本质问题	如何用艺术形式展现自然之美？	科学、美术/音乐
共有的大概念	有效的证据需要经过验证	数学、科学
共通的核心素养	审美素养	语文核心素养中的"审美" 艺术核心素养中的"审美"
跨学科概念	系统与模型	物理、化学、生物学等多个学科课程标准中的科学大概念

总之，不管是从真实问题开始还是从学科的整合开始，跨学科学习中这两条路径都是可行的。两条路径虽然切入点有先后，但殊途同归，作为跨学科学习的起始阶段，奠定了跨学科学习的基础。

三、明确跨学科学习的目标

不管选用上述哪一种路径完成设计，都涉及跨学科学习目标的确定。

（一）跨学科学习的目标类型

根据素养目标的结构，首先列出所有的目标类型，然后再看不同类型的跨学科学习应该定位到怎样的目标。从广泛的意义上看，各类跨学科学习可能会涵盖很多类型的学习目标，但并不是每一类跨学科学习都要覆盖所有的目标类型，也并非所有的跨学科学习都需要定位到最高层级的目标。以下是素养目标类型（夏雪梅，2022）：

跨学科概念：如第三章所述，跨学科概念既是目标，也是载体，是最具迁移性的成分，体现为跨学科的观念结构、思想方法、思维模式等。跨学科概念具有连接人、知识和真实世界的远迁移价值和生活价值的功能，在学生的未来持续发生作用。

学科概念：学科概念是学科中的思想方法、关键内容。根据复杂程度的不同，跨学科学习可能会重点关注某个学科的概念，也可能会涉及两个或以上学科的概念。

学科实践（学科能力）：跨学科学习通常会涉及学生在不同学科的学科实践，学科实践强调"像学科专家一样思考和实践"，有学科性比较强的，如生物实验等，也有更具融合性的，如工程实践、戏剧创作与表演等。学科实践是知行思的综合。

所跨学科的知识与技能：跨学科学习通常涉及所跨学科的具体知识与技能，是与所解决的问题、探讨的主题、学习的概念、形成的成果有关的知识与技能。

跨学科实践（学习实践/跨学科能力）[①]：指在各学科中都有通用性的实践，如合作、探究、创造等，是学习素养 / 21世纪技能的特点。跨学科学习尤其强调批判性思维、创造性思维等能力。

态度与价值观：伴随跨学科学习的还可能有学生的态度和价值倾向的变化，如社会责任感等。引导学生表达和反思是让学生建立和发展态度与价值观的方法。

（二）跨学科学习的目标层级

上述目标构成最完整的素养目标类型，但是跨学科学习并不一定要指向上述所有的目标类型，只有比较复杂的载体，如项目化学习，才有必要指向比较复杂和完整的目标类型组合，比较简单的跨学科学习只涉及简单的目标类型。我们将上述目标类型的组合按照从简单到复杂的程度分成三个层级：

[①] 这里的"跨学科实践"和生物学等课标中作为"跨学科主题学习"内容的"跨学科实践"是不一样的，避免混淆。

知识型、实践型和概念型,如图4-2所示。

```
概念型 ← 跨学科概念/学科概念;
        学科实践;跨学科实践;
        态度与价值观;
        所跨学科的知识与技能

实践型 ← 两门及以上的学科实践;
        跨学科实践;
        态度与价值观;
        所跨学科的知识与技能

知识型 ← 所跨学科的知识与技能
```

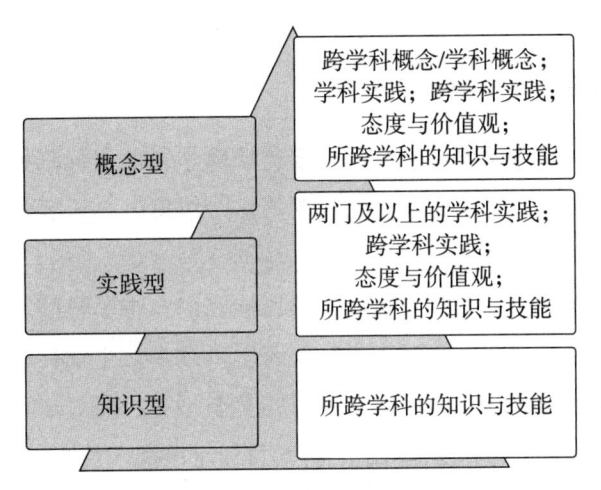

图4-2 跨学科学习的目标层级

第一层级:知识型

指向知识型目标的跨学科学习,目标类型比较单一,主要是所跨学科的知识与技能。这一层级的跨学科学习往往以跨学科试题、作业、练习的方式呈现,是在纸笔层面上进行的,学生需要综合不同学科的知识解决问题。比如第一章中关于"熊"的题目就主要指向这一层级的目标。

第二层级:实践型

指向实践型目标的跨学科学习,目标类型主要是学科实践或跨学科能力。比如欣赏马蒂斯的画作,并将其转化为电脑画像,进而将其艺术加工为文创作品,主要目标类型就是不断转化的艺术实践。实践型目标中包含了所跨学科的知识与技能,也包含了富有创造性的、引发有意义沟通与交流的学科实践和学习实践。

第三层级:概念型

指向概念型目标的跨学科学习,所包裹的目标类型是最多样且整合的。它以跨学科概念或学科概念为主要的目标类型,同时会涵盖相应的学科实践,以及匹配的跨学科实践。跨学科概念是通过实践型目标和知识性目标予以落实的,比如,要达成对诸如"思想的变革是社会变革的先导""工程的关键是设计,工程是运用科学和技术进行设计、解决实际问题和制造产品的活动"等概念的理解,需要依托大量的知识与技能,同时也带来更深入的跨学科实践。

(三)跨学科学习目标的叙写

如何叙写跨学科学习目标?是否要将所跨学科的目标都列出?跨学科学习目标涉及能力、知识、态度与价值观等多个维度,是否要像以往的"三维目标"一样分开单独叙写?

跨学科学习目标是否要清晰地描述所涉及的每个学科的定位和价值?这和跨学科学习的类型有关。对于主从型跨学科学习,主学科的目标定位需要非常明确,其他学科的目标可以简单写,甚至不写;而对于并重型跨学科学习,目标定位涉及各个学科,每个学科的目标定位都需要清晰地呈现出来。

如下的跨学科学习以真实世界中的问题为载体:生活中有众多的水污染现象,选取自己身边或社区中的一种污水,分析这种污水的来源,并设计污水处理及循环利用模型,能利用/转化污水,减轻对水资源的浪费。该跨学科学习涉及多个学科,因此其目标需要明确地列出所涉及的每一个学科。以下是其具体目标描述:

科学:能够说出不同类型污水的来源;根据不同问题情境中的污水状况,灵活运用沉淀、过滤、杀菌消毒等常见净水方法和明矾等不同净水剂;能够设计合理的步骤净化污水;理解水对人体的重要作用,认识到水是人类的"生命之源"。

数学:在不同情境中,至少选取一种情境调查水污染的来源,分析不同类型水污染的占比情况,并根据需要灵活地运用适当的数据分析方法,选用适合的数据呈现形式。

工程:根据问题和成果指向,设计污水处理和循环利用系统的简易图纸;根据图纸形成设计原型;能够根据不同的设计原型解释设计思想。

道德与法治:知道污水的形成与人类生活之间的关系;了解水资源保护的不同方法和价值。

上述跨学科学习目标的陈述从结构上已经基本具有了跨学科的性质,而且主要是从能力的角度来呈现的。

关于第二个问题，是分开单独写还是合起来写？我们认为，两者都可以。美国《新一代科学教育标准》（NGSS）构建了三维一体的目标呈现方式，整合了跨学科概念、学科概念、学科实践，这为我们叙写素养目标提供了思路。表4-2是我们根据NGSS的理念并结合上文对素养目标的描述构建的目标示例。

表4-2 "保温容器设计"项目化学习的目标示例（部分）

分散型目标表述				
跨学科概念	学科概念	知识与技能	科学实践	跨学科实践
物质与能量：物质的流动与循环伴有能量的转移与转化，能量的转移与转化驱动物质的流动与循环	能的形式、转移与转化：热从温度高的物体传向温度低的物体，从物体温度高的部分传向温度低的部分；热传递是能量转移的一种方式	了解不同形式的热传递；认识减少热传递的材料；探究影响热传递的主要因素	模型建构：解释并模拟相关的科学现象和过程，展示对相关概念、原理、系统的理解	公开展示：将研究结果向同伴进行清晰展示
整合型目标表述				
构建一个模型，并通过公开展示的方式向同伴解释和模拟热从温度高的物体传向温度低的物体、从物体温度高的部分传向温度低的部分，以及通过阻止热交换可以起到保温作用				

表4-2呈现了两种叙写方式：分散型和整合型。它们各有其价值和功能。与以往"三维目标"在课堂上往往表现为单一的知识和技能不同，这里的分散并不是割裂，而是为了确认目标关注到了每个关键维度，并在不同的年段进行进阶式描述。在将目标转化为学习任务、评价时，整合型目标可以有效发挥其整合的价值和功能。

四、设计跨学科学习的载体和学习任务

跨学科学习是围绕特定的载体如主题、问题、项目而展开的，跨学科学习设计的核心在于创设能够支持不同学科"跨"起来的有效载体和相应任

务。下文所探讨的载体，既包含最上位的载体，也包含由这个载体衍生出来的一系列子问题、子成果、子项目、子任务等。前述章节已经探讨了各类载体的特征，本部分重点探讨如何依托各类载体的特征设计具体的学习任务。

（一）设计跨学科学习载体和学习任务的原则

一致性。不管是什么类型的载体，都需要指向跨学科学习的目标。有些目标用简单的任务就可以回应，有些目标则需要复杂的系列任务。比如，如果希望学生形成对人地关系协调的理解，那么，通过类似做小导游、旅游手册等这样的日常任务情境是没有办法达到这个目的的。针对这样的概念型目标，需要设计更复杂和科学化的任务情境。

逻辑性。每一类载体都会有特定的任务设计逻辑。主题载体要设计支持主题的经验网络或一组任务，问题载体要体现问题解决的逻辑，成果/项目载体要体现以终为始的逻辑，概念载体则要支持概念的理解。

创造性。日常课堂上提供给学生的情境多数是封闭式的问题、任务、练习，这些都指向唯一答案，很难培养学生的创造性思维。跨学科学习的产生，是为了弥补学科学习在创新创造能力培养上的不足。跨学科学习的载体/任务的设计需要创造性，让学生有在真实世界中模拟专家创造性解决类似问题的经验，激发学生建立不同学科之间关联的内动力，产生"生产性思维"（productive thinking），而不只是"复制性思维"（re-productive thinking）。

（二）主题载体及相关的学习任务逻辑

跨学科主题为跨学科学习提供了内容基础和方向，但并非所有主题都能直接落地课堂，要避免主题中出现"拼学科"的情况，需要对主题进行适当转化。

主题需要相对聚焦，具有可探究性。跨学科学习的主题不能太宽泛，过于宽泛就难以有抓手，比如以"蝴蝶"作为主题就非常宽泛，改为"蝴蝶的一生"就相对好一些，因为后者更明确，是一个可以探讨的主题。再如物理课标提出的"新材料的研发与应用对社会发展的影响"也是一个非常宏大的主题，课标中举了"纳米材料"作为更下位的切入口，让主题更加聚焦和可探究。

主题要避免单一的词，可以加入限定性的内容。主题如果只是一个单一的词，比如帽子、昆虫、"一带一路"、可持续发展等，就过于宽泛，很容易出现学生只从内容拼凑的角度去构建主题的情况，那就会失去主题的可探究性。建议跨学科主题在单一词的基础上增加修饰性或限制性的内容，以促进和各学科的实质关联。比如，将"动物趣事"作为跨学科主题，就要比"动物"更好，主题更明确和聚焦。

主题要能够聚合其他学科，与其他学科建立实质关联。作为跨学科学习的主题，其自身要能有比较鲜明的跨学科性，如"世界名画中的金融史""古代典籍中的中华优秀传统文化"等主题就具有跨学科性。

主题可以是具体的物，但抽象的主题更好。日月星辰、梅兰竹菊、车马衣食、鱼虫鸟兽等这些具体的"物"，都可以成为跨学科学习的主题。当我们深入地去"格物"，是可以发现很多有趣的内容，但是，围绕"物"的主题往往带有大量的日常经验或专冷偏僻的内容。比如将京剧中的"脸谱"作为主题，就要了解脸谱不同组成部分的名称，颜色所代表的含义，各种不同的谱式等；再比如以"中草药"为主题，就要知道不同中草药的成分、疗效等。围绕"物"的主题研究，学生会获得关于"物"的具体知识，但是如果我们的目的是增强学生的学科核心素养，那么这些知识往往会囿于"物"本身，而难以具有迁移性。相比较而言，将抽象的或具有探究性的现象或概念作为主题，迁移性可能会更大一些，比如"光与影""滚动""身边的英雄"等主题。

在围绕主题设计具体学习任务的时候，我们需要避免和各学科简单知识建立表面关联，成为"拼学科"。为此，设计者需要首先分析与主题有实质性关联的学科，去除那些可能会引发学科拼凑的无关联系，接着在明确了具有实质性关联的学科中，设计指向主题的带有学科实践性质的、真实而有意义的活动，进而带动主题下的自然而然的跨，最终加深学生对主题的理解。

（三）问题载体及相关的学习任务逻辑

将问题作为载体时，学习任务主要体现问题解决的逻辑，与主题的分解逻辑很不一样。从大的逻辑线索上说，问题载体的学习任务逻辑至少有以下三种：

子问题分解的逻辑。跨学科学习中的问题大多是真实性的问题，需要调动两个或以上学科的知识、能力来解决。教师在设计时，可以遵循问题分解的原则，将大问题分解成一个个子问题，如子问题1—子问题2—子问题3……在教学中引导学生逐个探究突破。子问题代表的学科关系可以很灵活，可以是前述的互补型、递进型等多种类型。

问题解决的阶段逻辑。面对真实而有挑战性的跨学科问题，学习任务也可以按照"提出问题—界定问题—分析问题—解决问题"这样的逻辑来设计，围绕具体问题还可以有一些增减。比如，让学生整理所发现的问题，并与真实世界相关联，比较这一问题和真实世界中类似问题之间的异同。

不同领域的专家问题解决逻辑。以问题为载体的跨学科学习不仅需要一般性的问题解决逻辑，也需要融入专家解决问题的思维方式。比如，像水质专家一样去检测和评估水质污染的问题，像环境学家一样去处理模拟联合国中的环境问题，像作家一样去用文学的方式表达观点以呼吁社会对某个现象的关注。这样的问题解决逻辑可以体现真实世界中这一领域的专家是如何思考和解决问题的，从而带动学科之间的自然而然的跨。

（四）成果/项目载体及相关的学习任务逻辑

相较于主题载体的发散性，问题、成果、项目的结构性和逻辑性会更强。将项目作为载体的跨学科学习，要比成果更复杂一些，其展开逻辑可参考成果的展开逻辑，还可以综合上文的问题解决逻辑。

成果的展开逻辑。当跨学科学习的载体依托于成果，如一个喂鸟器、一本童话故事书等，那么，整个跨学科学习的展开基本要遵循以终为始的成果路径。成果的结构、质量要求，以及成果面向的对象都要非常明确，以此来倒推，为了完成这样的高质量成果，学生需要做什么。学生的学习过程要围绕成果而展开。跨学科学习成果的形成还要注意从不同的学科视角切入，让学科视角更加丰富，进而完善跨学科成果。

项目的展开逻辑。项目的展开逻辑比较多样：从驱动性问题的角度来看，与上文的问题载体有相通之处。从成果的角度来看，可以体现以终为始的逻辑。从所跨学科的类型来看，在"科学探究"类项目中要体现科学探究的逻辑，比如发现科学问题、进行科学观察、设计相关实验、形成科学报告等；在"设计创造"类项目中要体现设计思维的流程，引导学生完成"产生同理心—界定问题—产生创新的观点—原型制作—反思迭代"等过程。

（五）概念载体及相关的学习任务逻辑

如前所述，概念载体是比较抽象和复杂的一种载体，需要借助其他载体具象化。因此，在其学习任务逻辑的设计上，很难通过单一的学习任务达到深化概念理解的目的，而需要系列的、多样的任务，从不同的侧面深化学生对概念的理解。

概念载体的达成需借助其他载体。跨学科概念要依托具体的学科概念、学科实践落地，所以在大的逻辑结构上可以参照问题、成果、项目等载体，但需要在这些载体中纳入相关概念的学习支架。比如，在下文所列的物质科学领域的"物质的运动与相互作用"跨学科学习中，显性的载体是让学生设计能体现对力和运动的理解的游戏，但是游戏的设计过程和结果都指向概念目标。

跨学科概念：稳定与变化、系统和系统模型。

学科概念：力作用于物体，可以改变物体的运动状态。

本质问题：力是如何作用于物体来改变物体的运动状态的？

项目：设计一个游戏能体现你对力和运动的理解，并开发一个模型来表示作用于游戏中物体的力以及物体是否会改变其运动。[1]

上文列出了两个跨学科概念和一个学科概念，这两个跨学科概念植入在本质问题、项目中。教师要引导学生达成对力和运动的理解，支持学生运用

---

[1] 本案例来自 www.summitlearning.org。

模型来解释作用于物体的力并预测运动变化来表现其对概念的理解。

设计支持概念理解的学习任务。在以概念为载体的学习任务的整体设计中，仍然可以遵循问题、成果、项目等的转化逻辑，但是需要在子问题/子任务中融入对相应核心概念的理解，并依托概念性的追问、反思将概念性的解释等结合起来。比如，针对上文的项目，可以设计如下5个子任务：

（1）设计游戏方案。引导学生在设计游戏方案的同时，解释游戏与牛顿运动定律的关联；学生选择开展保龄球游戏。教师提供相应的任务单，要求学生在游戏过程中预测自己将如何影响保龄球的运动。这个游戏的主要目的是激发学生的内驱力，引导学生沉浸式参与游戏，并且初步引入相关概念，引导学生讨论这个游戏与牛顿运动定律的关系。

（2）完成游戏草图。游戏前，学生先用草图和文字预测自己将如何影响保龄球的运动；游戏后，学生基于游玩经验画出新的草图并进行解释。学生需要围绕"力和运动"相关问题完成草图，比如，如何使静止的保龄球加速？如何让移动的保龄球减速？如何保持保龄球的匀速运动？

（3）为游戏建模。开发一个模型来表示作用于游戏中物体的力以及物体是否会改变其运动。

（4）准备游戏介绍。起草并练习游戏，演示力和运动的基本物理特性。

（5）进行游戏演示。创建演示文稿以配合口头演示，可以在其中呈现对新游戏的规则和物理原理的解释。解释他们的游戏如何与牛顿运动定律相关。学生创建一个力图故事来展示游戏中相应运动所产生的力。学生通过画游戏中的力来表示他们对力和力图的理解（比如用较长的线来表示较强的力、用箭头表示力的方向）。

上述的整体逻辑还是体现了项目的特征，按照学生"设计游戏方案—完成游戏草图—为游戏建模—准备游戏介绍—进行游戏演示"等流程进行。但是，在每一个任务中都会引导学生对概念进行理解、阐述，以及对相关问题进行回答，如让学生演示基本的原理、讨论游戏和牛顿运动定律的关系、解释游戏中蕴含的原理等。由此可见，指向概念的学习任务往往是一组有关联的任务，每一个关键任务都指向关键概念，需要设计多种类型的概念深化支架。

（六）另一种"学生中心"的设计思路

上述探讨都是围绕"学科中心"设计的，而在跨学科学习的研究领域，与此相对的还有一种方法——"学生中心"的设计。即学习任务的设计不是跟随学科知识的重心，而是围绕学生感兴趣的问题，探索的过程跟随学生的问题解决，知识的应用不受学科界限的限制，通过与社会环境之间的真实联系，促进学生建构探索过程中的有意义、令人难忘的经历。

"学生中心"的思路源于杜威的思想。杜威（1994）认为，将学校课程划分为不同的学科，虽然有利于系统知识的教授或学习，但忽略了个人的生活世界，尤其是不符合儿童的认知结构和生活经验。学科之间相互联系的真正中心不是科学，不是文学，不是历史，不是地理，而是儿童本身的社会活动。他认为，要使学校的活动符合儿童的兴趣，这样学校教育才会更生动、持久，更富于文化意义。

与"学科中心"的设计方法相比，"学生中心"的设计方法在两个关键点上存在差异。

第一，跨学科的载体来源。"学生中心"的跨学科载体不来自学科，也不受制于学科界限，而是从学生的好奇心和关注点开始，产生需要回答和解决的问题。这些问题可能是学生的个人问题，也可能是更为广阔的社会、环境等问题。问题来源于学生个体的兴趣或观察，通过集体审议后进入课程。知识应该通过民主的、共同构建的课程，通过探索个人和社会问题来创造，课程设计应包含民主、多样性和尊严。

第二，学生的问题解决过程。以学生为非洲村民设计和构建运水装置，使非洲村民能够将水从井中运到他们的房屋这一活动为例，如果从学科中心的设计角度出发，这一装置的设计主要关联工程和技术领域，同时关联数学、艺术等领域。那么，在设计前，教师需要明确主要学科的思想方法、知识，并形成目标，将任务调整到与这些目标匹配，在过程中支持学生理解、学习不同学科的知识，并整合到装置的设计中，评估学生在上述各学科领域中的目标。

而如果是使用学生中心的设计方法，其设计和实施就是另一种思路了。教师不用提前考虑到底有哪些学科融入其中，而是先让学生确定他们完成工作的方式。在为非洲村民解决运水问题时，学生需要先想出解决这个问题的想法，并以自己选择的方式呈现这些想法，学生可以用图表或视频来展示他们的想法，也可以写一首歌、一首诗，或创建一个人工制品作为回应。这就意味着，每个学生或每组学生将有可能选取不同的学科，学科关系在这个问题中并不是唯一的，而会跟随学生的问题解决方法而变动。与此同时，学生的学习成就，也不在于学生学习了哪些学科知识，而在于学生能否灵活地调用不同学科的知识解决问题，或者说能否在问题情境的驱使下主动学习并整合不同学科的知识来解决问题。

学生中心的设计方法可能更具有"教育伦理"层面的意义，因为它考虑了学生的兴趣和需求的差异。这种设计具有更深远和悠久的传统。学科中心的方法虽然可以融合来自不同学科的概念，也可以增强学生的学习体验，但并不是以学生的兴趣为主，因其始终聚焦于要研究的科目。学生中心的设计是自下而上的，教师不再拥有绝对的权力和控制权，学生的声音得到强化。

学生中心的设计方法的劣势也很明显。在学生中心的设计方法中，这种设计很容易变成活动化的、经验式的，带有强烈的不确定性，可能会因学生的兴趣而中断、肤浅化，使学科知识的学习、严谨性和结构性受到很大的冲击（Apple，2001）。看上去，学生中心的设计方法给学生更大的灵活性与自主性，但事实上，教师将面临更具挑战性的任务，即为了确定学生在此过程中使用了哪些学科，教师不仅要判断学生在使用每个学科方面的效率如何，还要判断学生的认知进步是否发生。而在学科中心的设计方法中，因为教师提前规划了学科，就会产生一个教学中可以遵循的结构，从而确保学习过程中会逐步覆盖涉及科目，而不会随着学生的进步而遗漏或重复。

两种设计方法的优点和缺点都很明显，需要整合，同时需要考虑不同的年段。在幼儿领域，学生中心的设计方法将具有更显性的价值，鉴于本书所涉及的学段主要是义务教育阶段，所以本书的探讨基本以学科中心为主。

第五章

跨学科学习的命题与评价

在跨学科学习中，学生会产生很多独特的学习结果，如果命题与评价不能很好地与之匹配，将会挫败教师和学生的信心。因此，跨学科学习的命题与评价是让师生提振信心、继续前行的重要保障。评价的设计内植于跨学科学习的设计，本章将进一步阐述如何通过命题与评价的设计让跨学科学习的进程更有质量，师生都更明确当下的跨学科理解进展到哪里，下一步又走向何方。

一、跨学科学习的命题与评价设计框架

2019年11月，教育部颁布的《关于加强初中学业水平考试命题工作的意见》（以下简称《意见》）明确提出要"积极探索跨学科命题"。这是教育政策文件中首次提出跨学科命题的要求。宽泛意义上的跨学科学习的评价包含跨学科命题的研制。对命题的关注和探讨将有助于促进教师对跨学科学习意义的理解，提高跨学科学习目标和教学过程的有效性。

第四章所探讨的跨学科学习设计和本章所探讨的跨学科学习评价具有一致性，是一体两面的。本章将在前述的设计框架基础上澄清评价线索，以此体现教学评的一致性。如下是基于跨学科学习的设计框架形成的评价设计框架（见图5-1），两者具有一致性。

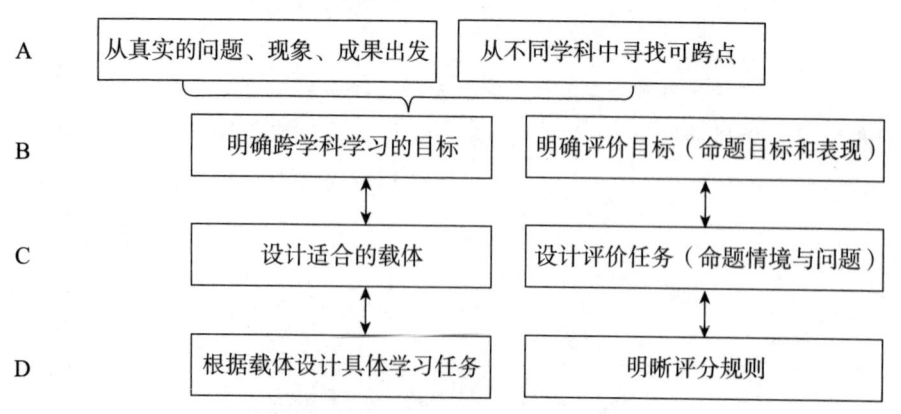

A	从真实的问题、现象、成果出发	从不同学科中寻找可跨点
B	明确跨学科学习的目标	明确评价目标（命题目标和表现）
C	设计适合的载体	设计评价任务（命题情境与问题）
D	根据载体设计具体学习任务	明晰评分规则

图5-1 跨学科学习的设计与评价框架

从上图可见，跨学科学习的命题与评价需要探讨以下内容：

第一，学习目标和评价目标之间的关系。并不是所有的跨学科学习目标

都需要评价。评价目标可以小于学习目标。根据跨学科学习的独特性，命题与评价中需要特别关注学生是否在学习过程中形成了跨学科理解。

第二，跨学科学习的评价有简单有复杂，需根据目标和功能而定。第四章区分了知识型、实践型、概念型共三个层级的跨学科学习目标，从目标定位上看，后两者更具有素养导向。知识型目标导向的跨学科学习的命题，可以用纸笔测试的方法，加入来自现实生活或其他学科的情境，这种纸笔类的表现性评价体现了关于学习的评价（Assessment of Learning，AoL）的指向；实践型、概念型目标导向的跨学科学习的评价，在不排除纸笔测试的情况下，还可以纳入更复杂的表现性评价等。

第三，后两类跨学科学习的评价一般是嵌入在教学进程中的，体现作为学习的评价（Assessment as Learning，AaL）、促进学习的评价（Assessment for Learning，AfL）的整合。评价不是独立于学习之外的，也不是等学习进程全部设计好之后再来考虑评价，而是在构建跨学科学习的目标时就要考虑评价目标，甚至是更明确的表现期望。也就是说，如果我们明确了希望学生能够在真实情境中表现出的能力，那么，在设计跨学科学习的载体时，就需要同时明确主要的评价任务、情境、评分规则。进入到真正的实施阶段后，根据学生的实际表现，教师可能会提供额外的学习支架和资源，表现期望、评价任务和评分规则可能也会发生相应的调整和优化。

从跨学科命题的角度来看，作为命题的设计，在设计思路上与跨学科学习评价的设计是相通的，同样需要经历"明确命题目标和表现—设计与目标相匹配的跨学科命题情境与问题—不断调整优化情境与问题—设计和明晰相应的评分规则"的过程。而在跨学科命题与跨学科学习的关系上，跨学科命题可以是在跨学科学习结束后进行独立测评，也可以将命题嵌入到跨学科学习中，作为关键节点上的测评内容（见图5-2）。

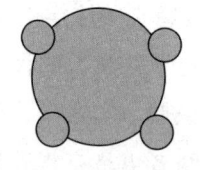

独立的跨学科命题　　　　嵌入到跨学科学习中的跨学科命题

图5-2　两种跨学科命题示意图

二、指向知识型目标的跨学科命题和评价设计

知识型跨学科学习目标类型比较单一，主要包含所跨学科的知识和技能。指向知识型目标的跨学科学习跨的程度是比较弱的，一般是借助其他学科的情境来辅助学习本学科的知识点，或者是在讲本学科的知识时引入其他学科的知识。这一类跨学科学习的时长往往比较短，如果嵌入到学科课堂的环节中，操作起来也相对比较容易，相应地，其评价也会更类似传统的纸笔测试，只不过加入了带有跨学科性质的情境。比如下面这道针对历史和语文跨学科学习所设计的题目（吴若盘，2023）：

> 某校历史研习社开展关于"从水陆交通看统一多民族国家的巩固与发展"跨学科学习，设计活动如下：
>
> 活动一：文献研读。阅读下列材料，回答问题：
> ……
> ②万艘龙舸绿丝间，载到扬州尽不还。应是天教开汴水，一千余里地无山。尽道隋亡为此河，至今千里赖通波。若无水殿龙舟事，共禹论功不较多。
>
> 记载资料②这一交通的诗文是：
> A. 胡曾《咏史诗·汴水》
> B. 李敬方《汴河直进船》
> C. 皮日休《汴河怀古二首》
> D. 白居易《长相思·汴水流》

在上述跨学科命题中，先呈现的是历史研习社关于水陆交通跨学科学习的现实情境，然后又出现了古诗文的情境，最后提问学生关于诗文的题目。其中用到了历史和语文的线索，指向的是事实性的知识，需要学生回忆与确认。

指向这一类型目标的评价，也可以嵌入到跨学科学习的环节中，与整体的跨学科学习过程融合在一起。如下是整合地理和语文的跨学科学习的课堂评价任务，这是基于"运用示意图，说明水循环的过程及其地理意义"而确定的。

> **评价任务**
>
> 诗人李白曾在《将进酒》中感叹"黄河之水天上来，奔流到海不复回"，从地理学的角度看，黄河真的"奔流到海不复回"吗？[①]
>
> 【参考答案】黄河属于我国的外流河，向东注入渤海。它参与的是海陆间的大循环，从水循环的角度理解，注入渤海的水通过海洋水蒸发、水汽输送、大气降水等环节重新补充黄河水。所以黄河之水是从天上来，但并非"奔流到海不复回"。

这一跨学科学习的课堂评价任务需要学生知道水循环的基本原理、黄河的类型及其流向等基本信息，将这些内容整合后再放入到诗文中进行分析，从而形成答案。

从目前各地出现的中考试题分析来看，用带有跨学科特征的或现实生活中的情境进行命题的趋势比较明显。那么，这一类评价任务具有怎样的总体特征？指向知识型目标的跨学科学习的评价体现在评价任务或命题的设计上会带有比较强烈的跨学科情境特征，但是其设问的方向，考查的问题空间可能会比较狭窄，并且往往采用直接分数判定的方式。

[①] 本案例来自无锡市第一中学孙雪纯所撰写的《高中地理和语文跨学科融合教学设计——以水循环为例》一文。

三、指向实践型目标的跨学科命题和评价设计

这一类的跨学科命题和评价是评估学生"做事"的能力，即有效地、合作地、创造性地完成类似于真实世界中的跨学科挑战的能力。在这样的评价中，事实上测评了两种能力：一种是具有学科性质的能力，即指向学科实践的命题和评价；另一种是具有通用性的跨学科能力，即指向跨学科实践的命题和评价。这两种能力在真实世界中是不可分割的，而从评价的角度来看，不同的教师或研究者会予以不同程度的整合，由此带来不同的测评导向。

与指向知识型目标的评价不一样，指向实践型目标的测评更富有素养评价的特征，更关注学生在跨学科学习中的能力。正如菲尔德等（Field et al., 1994）所说，"虽然跨学科项目缺乏标准课程这点通常被认为是其主要劣势，但它其实可能是一个主要优势，因为它需要我们专注于学生能力的发展，而不是固定的信息体"。以下我们将探讨跨学科学习中指向学科实践和跨学科实践的命题和评价思路。

（一）学科实践的命题与评价

跨学科学习中以学科实践为目标的命题与评价主要有以下两种表现样态。

主要的学科实践+跨学科实践

以一门学科为主、其他学科为辅的主从型跨学科学习的目标基本上属于这一类。比如在以语文为主的"中国历史名人展"跨学科学习的过程中，学生需要一些历史背景知识来支持和辅助学习，但并不将其作为评价目标，其评价目标聚焦在以下方面：[①]

[①] 限于篇幅，本部分呈现的是体现这类目标特点的简化后的核心目标，在实际的目标呈现中还可以将所包含的知识类目标详细列出。本案例来自上海市徐汇区康健外国语实验小学邱晓婵。指导：夏雪梅。纳入本书时有调整。

·语文学科实践

简要复述能力：能提取故事中的核心要素，简要复述叙事类文章。

·跨学科实践

表达能力：能负责任、有中心、有条理、重证据地表达观点；能对不同类型的群体进行简要、富有吸引力的介绍。

合作探究能力：能设计有创意的方案，能向同伴详细地解释自己的展示方案，并修改现有的方案，形成一份更完善的方案。

指向上述目标设计的阶段性评价任务如下。

> **评 价 任 务**
>
> 你要向同伴们推荐苏东坡参与中国历史名人展，请你根据下面提供的3篇有关苏东坡的故事，用简洁而富有吸引力的语言向同伴进行1分钟推荐，运用其中关键的故事要素，有理有据地表达自己的观点。

两种或多种学科实践+跨学科实践

这种类型的目标主要存在于并重型跨学科学习中。学生需要完成更富有多样性和转换性的学科实践，比如欣赏马蒂斯的画作，并将其转化为电脑画像，进而将其艺术加工为文创作品。这种不断转化的多样实践涉及多个领域的能力，同时也会带来沟通、合作、创造性和批判性思维等跨学科能力的培养和发展。以下是学生在一个植物教育插图跨学科学习中所要达成的目标，不只是科学领域的实践，也会涉及艺术、语文等学科实践和跨学科实践。

科学：能够识别植物的不同部分和这些部分的功能。

科学：能够用适合的工具和设备解剖花的各部分器官。

艺术：能够用插图富有吸引力地描述花的各部分。

语文：能够通过现场演示和口头陈述向全班汇报小组的研究过程和成果。

跨学科实践：能够形成如何解决这一问题的明确思路。

在明确跨学科学习的目标后，我们需要设计与目标匹配的跨学科问题情境。情境应具有真实性。在选取和优化命题、评价的问题情境时，重要的不是看这一问题情境与现实生活中的真实情境的相似程度，而是看依托这一情境的评价任务能否引发学生在目标上的能力表现。如果某种情境化任务考查了学生在上述实践中的表现,即便没有在严格意义上"重现"对应的现实生活情境,也可以被认为是真实的(杨向东,2018)。

如下是针对上述植物教育插图跨学科学习目标设计的表现性评价任务,上述目标可以较为完整地"映射"到以下的问题情境中。虽然这是一个模拟的情境,但是能够真实地反映出要测评的学生的能力表现。

> **评价任务**
> 你在一家苗圃教育基地工作,他们正在研制植物学手册。你所在团队的工作是制作不同类型的花的教育插图。要做到这一点,你们需要解剖特定类型的花,并确定其中的组成部分,然后你们需要分别画出这些部分,为每个部分写一个说明,包括它的名称和功能。最后,你要做一个关于你的工作流程和插图的演示和口头报告。

评价问题情境的选取、问题的提出方法、相关条件信息呈现的方式等不是一蹴而就的,往往会经历多次迭代和修改,需要根据目标和学生初评的结果不断优化和调整。

(二)跨学科实践的命题与评价

跨学科学习中的跨学科实践也可以称之为21世纪技能、学习素养、学习实践等。典型的跨学科学习会特别关注对学生的创造性、批判性思维和元认知技能等的培养。在综合实践活动中,或者在活动项目中,目标的类型都带有跨学科实践的特点。一般情况下,日常教学中并不需要单独命题去测评创造性、批判性思维和元认知技能,也不建议将心理测量的量表直接用在教学中。在评价时,需要设计指向这些能力的任务、项目,将目标和任务情境结合起来,将能力植入到进程中,收集学生在个体、小组、口头、笔头等层面的学习证据来辅助判断。对于指向这类目标的设计来说,更重要的是在做出判断后提供指向这些能力培育的学习支架或相应的能力量规,如创造性和批判性思维的量规、好团队画像、负责任的谈话对照表等来促进学生的自我认知、反省与改进。

在高利害考试中纳入跨学科实践的测评，就需要考虑这一类实践的命题和评分。从已有领域的分析来看，主要有以下两种探索。

用跨学科的项目评价学生的跨学科实践

新加坡的项目工作（project work）属于这一类型（夏雪梅，2020）。项目工作自2000年提出后，就被作为新加坡创造性、批判性思维技能培育的载体，为学生提供整合不同领域知识的机会，使他们在真实情境中批判性、创造性地运用这些知识。新加坡教育部提出的项目工作目标有四点，旨在让学生：应用创造性和批判性思维技能；提高沟通技巧（口头和书面）；培养协作学习技能；培养自主探究和终身学习技能。

新加坡项目工作所列出的主要评价项目基本上都是跨学科类的，如：

- 鼓励学生从身边社区中可感知的现象入手，提出指向人类社会发展的真实而重大的问题，如鼓励学生考虑获取相关权益的问题，以及如何为特定类型的人群提出关于改善自然资源、教育资源、医疗资源、住房资源等权益的获取方式。
- 鼓励学生考虑"选择"在当今世界的重要性和影响力，以及针对人们如何在消费品和服务、休闲、政治、经济等领域做出更明智的选择提出建议。

在测评方式上，学生随机分组，以4—5人为单位组成小组，小组成员要在26周内完成项目，平均每周有2.5—3个小时的项目时间。学生需要对这些题目有良好的构想，分析和评估搜集到的信息，准备口头陈述以及提交书面报告。对学生的评分依据书面报告、口头陈述、小组项目档案等材料。

用跨学科案例纸笔测试评价学生的跨学科实践

2018年，上海市教育委员会公布《上海市进一步推进高中阶段学校考试招生制度改革实施意见》，其中增加了15分的"跨学科案例分析"，明确在初期阶段主要从地理、生命科学等学科开始。2019年，上海市教育考试院发布了《上海市初中地理、生命科学跨学科案例分析终结性评价指南》，给出了跨学科分析的范例。2020年，上海市教育委员会教学研究室发布了《初中地理和生命科学学科中开展跨学科学习的教学指导意见（试行稿）》，其中考核的能力指标是比较典型的通用性的跨学科实践：

- 信息提取与处理，包括能识别情境中的事物、现象等。
- 问题分析与质疑，包括判断所给出的问题是否可通过探究来进行验证，或针对现象、事实提出可探究的问题等。
- 结论阐释与创新，包括能依据得到的结论或模型等，解释其他相关事物的原因、机制等。

上海的跨学科案例分析目前看来基本是采用综合情境套题、纸笔测试的方式，选取现实生活中的热点话题、身边问题、社会现象等，指向地理和生命科学的知识的综合运用，设置选择、填空、简述等不同的题型，通过文字描述、地图、数据图等多样的材料，考查学生的综合运用能力和逻辑思维能力。

四、指向概念型目标的跨学科命题和评价设计

这一类跨学科命题和评价是以跨学科概念或学科概念为主要的评价目标，同时涵盖相应的学科实践、跨学科实践。这一类评价的关键是看学生是否形成了深入的概念性理解。跨学科理解是指学生有能力整合两个或以上学科的知识或思维方式来产生新的见解或理解，跨学科理解建立于学生的学科见解之上（Ackerman et al., 1989）。

跨学科理解是看不到的，需要通过情境任务中的"做"和"实践"才能表现出来。从这个意义上说，在评价任务的设计上，概念型的评价与实践型的评价很类似。

（一）指向跨学科理解的简便版评价

跨学科理解的评价可以用较为简便的方式进行。哈佛零点项目开发了一个基于三个问题的评估框架，如后文所示。这些问题通过询问学生在完成跨学科任务相关的工作中的观点来评估学生的理解。学生的工作可以采取多种形式，包括完成书面作品、视频、演示文稿或创作一件艺术品或人工制品（Mansilla, 2010）：

- 是否有证据表明在这些作品中体现了学科见解，并且这些见解得到了充分关注？
- 是否整合了这些见解以促进理解？
- 作品中是否有明确的目的、反思和自我批评？

此外，依据本书前言所阐述的跨学科学习中的学科意识的发展，我们还可以列出一些问题作为对学生跨学科理解的形成性评价：

- 是否有证据表明学生能识别并应用与自己正在研究的问题相关的多个学科？
- 是否有证据表明学生能在作品中综合不同学科的观点？
- 是否有证据表明学生能在作品中体现整合、反思等理解的变化？

类似这样的问题虽然简单，但也指向跨学科学习的本质。向学生提出这样的问题是在有意识地培养学生在跨学科学习中的学科敏感性，同时锻炼学生在跨学科学习中的批判性思维。

（二）概念—实践—知识三维一体的评价

指向"跨学科概念+学科的概念理解"目标的评价[①]

跨学科概念，如"结构与功能"，很难独立进行培育与评估，需要结合学科概念和学科实践来落地。NGSS将跨学科概念、科学概念、科学实践等多种类型的目标转化为可以被评价的表现期望（performance expectation），作为判断学生是否达成学习目标的指标。具体表述如表5-1所示。

表5-1　NGSS中的两种目标表述

分散型目标描述
·跨学科概念：系统和系统模型
·学科核心概念：适应性。在特定的环境中，有些生物可以很好地生存，有些生物则不然；栖息地中生物与环境之间相互影响与制约，保持相对稳定的生态平衡

[①] 限于篇幅，本部分呈现的是体现这类目标特点的简化后的核心目标，在实际的目标呈现中还可以将所包含的学科知识类、学科能力类目标详细列出。

续表

- 具体知识：各种栖息地中关键物种的生活习性；植物的不同外部形态特点；动物应对不同季节的变化
- 科学实践：用证据进行论证；建模
- 跨学科实践：清晰报告自己的观点；让自己的报告吸引人

整合型目标描述（表现期望）

用模型和证据构建论点，向特定的公众解释在特定的栖息地中，有些生物可以很好地生存，有些生物生存得不太好，有些根本无法生存，建立起生物与环境之间的生态平衡的系统观念

指向上述目标，我们可以设计相应的评价任务：

评价任务

四川卧龙国家级自然保护区是我国最大的大熊猫保护基地。2021年，卧龙片区的熊猫数量已达149只，给保护区工作带来很大压力，基地现有的资源和设备已经难以满足熊猫的生长。为此，国家计划兴建新的保护基地。为了更好地保护大熊猫，卧龙片区对自然环境做了如下调整：在山脚平缓的水源地附近去除了一些乔木和灌木，增加了开阔地带，在高海拔地区种植了更多竹子等大熊猫喜爱的植物，还增加了工作人员巡视的频率和样本数据采集点。伴随着这样的环境变化，原本生活在这里的川金丝猴、珙桐、红豆杉、林麝、亚洲黑熊、豹、狼和雪豹等动植物的数量和生存状况会发生怎样的变化？作为考察团的生物学家代表，请就"如何在保护大熊猫的同时，保护好更多当地野生动植物"这一议题建立模型，提出能说服当地政府开展行动的有力建议。

围绕上述目标，还可以设计模拟真实、现实真实等不同真实类型的问题，也可以选取来自身边情境、公共情境、职业情境等不同范畴的情境。

指向"学科A的概念理解+学科B的概念理解"目标的评价

这种类型的跨学科学习是通过寻找两个学科之间的可跨概念，形成整合

性的共通理解。"人生百味"[1]这一跨学科学习，同时指向语文和艺术中的审美鉴赏与创作，通过创作诗歌以及与之匹配的音乐与配画，产生富有整体美感的艺术品。该案例涉及多个学科的整合理解，目标可以如下所示。

跨学科概念：

艺术表现形式存在相通之处。

创作者通过不同的艺术形式表达和诠释自己的创作意图，实现其与受众的交流。

语文：

创作者可以将自己的观点抽象化为意象，从而实现其创作意图。

了解现代诗的特点、内涵。

学习现代诗歌的创作技法。

音乐：

不同时期的作曲家创作了同一类作品，但因人生轨迹的不同，造就了作品的差异性。

学习配乐的创作技法。

美术：

运用色彩和绘画激发作者的创作意图。

学会国画的创作技法与国画的作品诠释。

指向上述目标，我们可以设计相应的评价任务：

评价任务

总结性评价：

创作表达你对特定时期人生感悟的诗歌，并配上相应的音乐与画作，说明你在诗歌、音乐、绘画三者上的创作思路和技法，尤其是将三者整合起来的思路。

---

[1] 本案例来自北京王府学校。设计与实施：袁欣、王乙好、李国华。纳入本书时有调整。限于篇幅，本部分呈现了体现这类目标特点的简化后的核心目标，在实际的目标呈现中还可以将所包含的知识类、能力类目标详细列出。

> 过程性评价：
>
> 选取真实世界中将文字、乐曲和绘画等至少两种艺术形式结合在一起的载体，如视频、演示文稿、海报等，分析这两种艺术形式是如何整合在一起的，与单一的艺术形式相比的差异。

五、跨学科学习评价的评分规则

表现性、真实性、跨学科的情境任务给学生提供了整合不同学科的知识和能力的机会，但也带来了如何合理评分的难题。

用于大规模外部评估、高利害评价的评分规则最好是从幼儿园到高中统整设计，各国的课程标准或学业质量标准事实上应该起到这一作用。教师自己设计的校内评价最好也能选取一个具有学习进阶的体系进行连贯一致的设计，这样有助于建立校内统整的评价系统。指向知识型目标的评价评分都相对简单。本部分主要分析指向实践型和概念型目标的评分规则。

（一）指向实践型目标的评分规则

评分规则可以是量规（rubric）、核查清单（checking list）、自查表等各种类型。阿特（Arter）和麦克塔尔（McTighe）（2005）提出表现性准则即对学生的回答、作业和表现进行评判的指南、规则或原则。这是一个更宽泛意义上的界定，它告诉我们如何评价学生的表现或成果的水平。建构性反应的评价都需要运用表现性准则。

指向实践型目标的评价在国际上有很多通用性的量规、核查清单等，在跨学科实践、学科实践上皆是如此。教师可以选用适当的量规，设置评价节点，结合评价任务对学生进行观察和指导。

在跨学科实践上，深耕项目化学习的巴克教育研究所提出了K—12年级分段的跨学科实践的量规，包含创造性和批判性思维、合作、展示等各种量规[1]。跨学科学习或项目化学习中，教师们可以直接使用这些量规。如下我们提供了一些不同年段的典型量规供参考（见表5-2至表5-4）。

表5-2　团队合作量规（适用于K—2年级）

我会按时完成团队的工作	1. 还在学习 ☺	2. 有时 ☺☺	3. 几乎总是 ☺☺☺
我帮助我的团队	1. 还在学习 ☺	2. 有时 ☺☺	3. 几乎总是 ☺☺☺
我倾听队友的想法	1. 还在学习 ☺	2. 有时 ☺☺	3. 几乎总是 ☺☺☺
我与团队分享我的想法	1. 还在学习 ☺	2. 有时 ☺☺	3. 几乎总是 ☺☺☺
我尊重我的队友	1. 还在学习 ☺	2. 有时 ☺☺	3. 几乎总是 ☺☺☺

---

[1] Buck Institute for Education.Rubrics[EB/OL].[2022-09-22].https://my.pblworks.org/resources?f%5B0%5D=type%3A27&_ga=2.251603905.616612667.1699010651-1866039886.1653820073.

表5-3　PBL合作量规：个体表现（适用于3—5年级）

维度	低于标准	接近标准	达成标准	高于标准
承担责任	• 在团队讨论前，我还需要准备 • 我需要被提醒来做项目工作 • 我需要学习如何从他人那里获得反馈	• 我通常为参加团队讨论做好准备 • 我做了一些项目工作，但有时需要被提醒 • 我有时会采纳他人的反馈	• 我总是做好了团队合作的准备；我研究了必要的材料，并用它来探讨讨论中的观点 • 我在做项目时无需提醒 • 我按时完成了项目 • 我使用他人的反馈来改进工作	
帮助团队	• 我还需要学习团队合作及如何帮助团队解决问题 • 我需要学习如何帮助团队让讨论有效 • 我需要学习如何向他人提供有用的反馈 • 我需要学会在他人需要时提供帮助	• 我与团队合作，但可能不会积极帮助团队解决问题 • 我通常会帮助团队使讨论有效但不能总是遵循规则，也不能问足够多的问题，或还不能清楚地表达想法 • 我向他人提供反馈意见，但可能并不总是有用 • 我有时会在需要时主动提供帮助	• 我帮助团队解决问题和管理冲突 • 我通过遵循公认的规则提出和回答问题，清楚表达想法来使讨论有效 • 我给别人有用的反馈 • 我在别人需要时帮助他们	
尊重他人	• 对队友不礼貌或不友善（可能会打断、忽视想法、伤害感情） • 不承认或尊重其他观点	• 通常对队友有礼貌和友善 • 通常承认并尊重其他观点并委婉地提出反对意见	• 我对队友有礼貌和友善 • 我承认并尊重其他观点，委婉地提出反对意见	

表5-4　PBL合作量规（适用于6—12年级）

维度	低于标准	接近标准	达成标准	高于标准
承担责任	• 没有准备好与团队合作 • 没有使用团队同意的技术工具来沟通和管理项目任务 • 不做项目任务 • 不按时完成任务 • 不使用他人的反馈来改进工作	• 通常准备好与团队合作 • 使用团队商定的技术工具来沟通和管理项目任务，但不始终如一 • 做一些项目任务，但需要提醒 • 按时完成大部分任务 • 有时使用他人的反馈来改进工作	• 准备好团队合作；充分了解项目主题并引用证据与团队一起探讨和反思想法 • 始终如一地使用团队商定的技术工具来沟通和管理项目任务 • 无需提醒即可完成任务 • 按时完成任务 • 使用他人的反馈来改进工作	
帮助团队	• 不帮助团队解决问题，甚至会制造问题 • 在讨论中不提出探究性问题、表达想法或详细回答问题 • 不给别人有用的反馈 • 在他人需要时不提供帮助	• 与团队合作，但可能不会积极帮助团队解决问题 • 有时会清楚地表达想法，提出探究性问题，并在讨论中详细回应问题 • 向他人提供反馈，但可能并不总是有用 • 有时会在需要时主动提供帮助	• 帮助团队解决问题和管理冲突 • 通过清楚地表达想法、提出探究性问题、确保听到每个人的声音、对新信息和观点做出深思熟虑的回应，使讨论变得有效 • 向他人提供有用的反馈（具体的、可行的、支持性的），以便他人改进工作 • 如果需要，愿意帮助他人完成工作	
尊重他人	• 对队友不礼貌或不友善（可能会打断对话、忽视想法、伤害感情） • 不承认或尊重其他观点	• 通常对队友有礼貌和友善 • 通常承认并尊重其他观点并委婉地提出反对意见	• 对队友有礼貌和友善 • 承认并尊重其他观点，委婉地提出反对意见	

在学科实践上，国际上也有一些整体设计评分规则的成功范例。表5-5选取的量规参考了NGSS关于科学实践的相关维度表述。[①]

表5-5 "提出问题"科学实践的量规

水平	描述
1	没有提出问题
2	提出的问题对于给定的主题是边缘的
3	提出的问题与给定的主题是相关的
4	提出的问题与给定的主题相关，并且是可测试或可研究的
5	提出的问题是有效的、可测试或可研究的，并且是基于模式或观察的
6	提出的问题是有效的、聚焦的、可测试或可研究的，是基于模式或观察的，来自当前的研究，或者特定的模型和理论
7	提出的问题是有效的、精确的、可测试或可研究的，是基于模式或观察的，来自当前的研究，或者特定的模型和理论的特定证据
8	提出的问题是有效的、精确的、可测试或可研究的，是基于模式或观察的，来自当前的研究，或者特定的模型和理论的特定证据，并推动对给定主题或特定学科的标准思维

数学实践的量规也有开发好的版本。如美国共同核心国家标准（Common Core State Standards）中明确了8种典型的数学实践：理解问题并坚持解决问题；抽象和定量的能力；构建可行的论证，并评判他人的推理过程；数学建模；战略性地使用适当的工具；关注准确性；寻找并利用模型；在重复的推理中寻找并表达其规律性。Curriki教育共享平台制定了对数学实践的相关量规，我们列出了第一个数学实践"理解问题并坚持解决问题"的量规，见表5-6。

[①] 内容来源于 https://performanceassessmentresourcebank.org/resource/10911。

表5-6 "理解问题并坚持解决问题"数学实践的量规

准则	权重	低于标准	符合标准	卓越表现
理解问题并坚持解决问题	15%	（1）学生不能识别问题的条件、限制、关系和目标 （2）学生不能掌控进度或调整解决问题的方法 （3）学生不能检查解决方案是否正确	（1）学生能识别问题的条件、限制、关系和目标 （2）学生能掌控和评估进度，必要时进行更改 （3）学生能检查解决方案是否正确 （4）学生会不断地问："这很合理吗？"	（1）学生能快速分析、识别问题的条件、限制、关系和目标 （2）学生能轻松掌控进度和调整解决问题的方法 （3）学生定期检查解决方案的正确与否 （4）学生能向他人充分地解释说明解决方案

（二）指向概念型目标的评分规则

不同学科领域的概念型目标的评分规则可以在国际上众多国家的课程标准中找到依据。比如美国和瑞士的科学课程标准中都提出了概念理解的定位，并且将对跨学科概念、学科核心概念的理解与科学实践结合在一起进行评价。加拿大不列颠哥伦比亚省（British Columbia）的课程标准构建了从幼儿园到高中的连贯性的整合标准，划分了在不同年段、年级的概念理解、实践能力的不同水平。

我国2022年版义务教育课程标准中的学业质量标准也为教师整体设计学习进阶和评价标准提供了参照。学校和教师可以在大方向上将此作为基础。诚然，进入到具体的单元中，学业质量标准还是比较高位，需要教师进行转化设计。那么，作为学校和教师，如何有效地通过评分标准促进学生在跨学科概念上的理解呢？我们提供了以下三种思路供参考。

指向跨学科概念理解的自我核查清单

评分规则中比较简单的一类就是核查清单。指向跨学科概念理解的核查清单需要描述学生在理解概念之后的整合性的表现。

例如，一个美术和音乐的跨学科项目化学习，要求学生"根据古典音乐的特征创作相应的美术作品"。教师根据项目中所跨学科的概念设计了相应的自我核查清单（见表5-7），描述学生在音乐、美术、整合音乐和美术后的相关核查项上的不同表现，促进学生进行美术和音乐的统整性思考。

表5-7　自我核查清单[①]

核查项	我的表现 （用一两句话描述）
1. 我在创作前充分了解了乐曲的基本信息和特征，为创作打下了良好的基础（音乐：古典音乐作品特征）	
2. 我仔细考虑了作品的形式，选用了自己擅长的作品表现形式（美术：适合表现主题的材料与形式）	
3. 我的作品最终呈现的效果是引人注目的，且能让人不禁联想到乐曲（音乐：音乐的联想与想象）	
4. 我的作品所用的颜色丰富且适合，构图或组织是与乐曲有联系的，且是经过仔细思考和调整的（美术：适合表现主题的构图与色彩）	
5. 我的作品表现形式独特，具观赏性（富有艺术美感）	

基于SOLO分类法的跨学科概念理解的评分标准

指向概念理解的评分标准的关键在于找到一把能够对学生不同的概念理解水平进行划分的良好的"尺子"。比如，比格斯等人（Biggs et al., 1982）所提出的SOLO分类法（Structure of the Observed Learning Outcome）可以作为一把通用的尺子。SOLO分类法描述了概念理解上的结构水平，并定义了在每个水平可以观察到的一般性的学习成果。有研究者（Ivanitskaya et al., 2002）用SOLO分类法描述了学生跨学科理解的不同水平，我们在此基础上进行了调整。表5-8给出了依据SOLO分类法对学生跨学科理解水平的分析。

[①] 本案例来自上海市浦东新区明珠小学。设计与实施：杨丽娜、何漾、周琦、钱佳颖、吴翌红、朱晨洁。撰写：杨丽娜。指导：夏雪梅。

表5-8　SOLO分类法描述的学生跨学科理解的不同水平

类型	学科样态	描述	学习结果
单结构 unistructural	单学科	学习者专注于一门学科	一门学科的陈述性和程序性知识
多结构 multistructural	多学科	学习者获得了多门学科的知识，但是没有整合	与中心主题相关的多学科知识；多学科思维
关联层级 relational	跨学科，单载体	学习者围绕一个跨学科载体进行整合；学习者意识到每个学科的优势和局限性	跨学科思维模式；批判性思维；元认知技能；认识论信念
抽象拓展层级 extended abstract	跨学科，多载体	学习者获得的知识结构整合了多个学科的解释工具（方法、理论、范式、概念等）；使用元认知技能监控和评估思维过程；将跨学科知识结构应用于新问题	完善的跨学科知识结构；跨学科思维模式；批判性思维；元认知技能；高级的认识论信念；跨学科知识迁移

上述表格体现了学生在跨学科学习上的发展的不断进阶，随着跨学科的深入和复杂化，学生的学习结果也变得更加结构化和多元化。

当学习者从单学科的角度处理主题时，就会展示单结构思维；当学习者接近多结构层级时，就会获得多门学科的知识，但仍然是独立对待每一门学科，其特点是分开思考多门学科，将"多门学科并列，没有直接地整合尝试"（Jacobs，1989）；在关联层级，学习者会考虑知识的关系结构，通过对比不同学科来整合与中心主题相关的知识，关联层级上的学习者要比前两个层级的学习者更容易整合来自多门学科的事实、原则或理论，形成更加复杂的理解；在抽象拓展层级，学习者能够进行真正的跨学科思维——包括高度发达的知识结构和潜在的认识论信念、批判性思维和元认知技能，以及将跨学科知识转移到其他情境的能力。

多维一体的评分标准设计

多维一体的评价如何设计评分标准？与多维一体的评价任务设计相对应的是，评分标准的设计同样需要整合概念、实践等多个维度，概念的评分标准依托实践和具体的情境脉络、知识而进一步具体化。美国国家研究委员会（National Research Council，2014）描述了一个典型的跨学科学习的量规，阐释了物理的能量和生物体的功能之间的关系。

在"我的身体里在发生什么？"这个七年级科学的跨学科学习中（Krajcik et al.，2019），学生需要寻找整个身体中食物的去向，身体如何从食物中获取能量，以及食物生产能量需要什么。在这个跨学科问题中，蕴含着能量的获取与转化这一跨学科概念，学生需要理解能量如何在系统中循环流动，进而涉及对科学中不同内容领域的几种不同的学科概念的理解，如物质科学的物质守恒、能量转化，以及化学中的化学反应等概念。这个跨学科学习的设计首先从具有统摄性和跨学科性质的问题开始：

身体里进行的活动如何帮助人类做他们所做的事情？

这是一个持续较长时间的大项目，这个大问题下又分解出一系列小问题，每个小问题都有各自指向的表现期望，需要收集学生的学习证据进行评价。以其中一个子问题为例，学生所看到的问题是：

我的身体里的氧气去哪里了？人们呼吸的空气中的氧气是否减少了？

表现期望：构建一个解释并使用证据说明身体里何处使用以及如何使用氧气。

在上述的表现期望中，学生需要用"构建解释""使用证据进行论证"等科学实践来表明自己能够解释身体中的能量、氧气、食物之间的关系，进而表明自己有能力通过对不同学科中核心概念的整合运用形成理解。根据学生的表现，研究者们构建了相应的评分标准：

0级：所构建的解释认为氧气消失或只是为了生存等一般原因（如呼吸、生活）。

1级：所构建的解释中，氧气用于获取能量或与食物一起获得能量；没有呈现获取能量的物质科学机制。

2级：所构建的解释中，氧气用于化学反应（或"消化"）以获取能量，但对物质和能量的物质科学的描述不完整（例如，提及"燃烧氧气"而不提及食物或葡萄糖，或提及"与葡萄糖反应"但没有说明能量）。

3级：构建出充分的解释，使用包括物质和能量的物质科学概念——在化学反应中氧气与食物或葡萄糖相结合，包括将食物中储存的能量转换为细胞可用的形式。

以下是一个八年级学生的部分典型回答，体现了物质和能量的物质科学概念在人体中的运用：

吸入氧气后，氧气通过呼吸系统，然后进入循环系统或血液，并遍及全身的所有细胞。氧气用来燃烧身体所需的食物，以此为细胞提供能量供身体使用。对于任何东西，燃烧时都必须要有能量和氧气。为了获得食物中的潜在能量，身体需要氧气，因为氧气是一种反应物。当我们消化腰果时，它上面的水增加了，增加的水给它热能并加热它。因此，人们是用氧气消化食物以获得能量的。

这个回答显示了学生当前的理解，体现了学生在学习上的已知和不足：学生认为食物中有潜在的能量，但是无法说明化学反应如何将能量转化为细胞可以使用的形式。从学生的回答中，教师能够了解学生目前正处于什么水平，学生的回答也能够帮助教师确认下一步的教学步骤。

上述案例描述了对"基于概念构建解释"这一类评分标准的分析，从中我们可以提炼出以下更具有一般性的评分标准：

> 0级：学生只给出最一般性的原因或错误原因，没有涉及概念。
> 1级：学生给出具体的解释，涉及内容概念，但是内容概念之间的关系不清楚。
> 2级：学生给出具体的解释，涉及内容概念，部分揭示了概念之间的关系。
> 3级：学生给出充分的解释，完整地解释了概念之间的内在关联。

上述评分标准可以迁移到其他类似概念的描述中。

总之，评分标准的设计并不是为了给学生分等，或只是给一个分数。评分标准归根到底是让师生对未来都有一个清晰的方向，在当下有更明确的证据意识，分析自己的表现，对照可能的理想表现，确定自己当下到了哪里，接下来可以朝向哪里。

第六章

跨学科作业的设计

经过良好设计的跨学科作业能够有效激发学生完成作业的兴趣，进而支持学生建立起学科之间的联系，用更多元和整合的视角理解世界。适当比例的跨学科作业不会削弱学科学习，反而能支持学生更好地理解学科在真实世界中的表现形式和价值。跨学科作业具有独特的设计特征，同时也指向一般的"素养作业"的设计要素，从这些设计要素出发将促进我们对学科实践类作业产生更深入的理解。

一、多学科—跨学科作业

多学科作业：一份包含不同学科知识点的作业，不同学科的知识之间是独立的。

比如，让学生默写古诗，配画一幅，并完成数学计算就是一份典型的多学科作业。虽然是在一份作业中，但是各自学科的目标是分离的。语文的就是默写一首诗，数学的就是计算诗句中的字数、默写口诀等，然后再配上美术的画画，这些学科内容虽然在一份作业中，但相互之间并没有实质性的交叉融合，都是可以单独拆开的，据此学生并没有形成统一的跨学科理解。

跨学科作业：围绕跨学科学习的目标而设计的作业，作业会用到两个或以上学科的知识，这些学科知识交织融合在一起，不可分割，形成整合的作业成果，促进学生的跨学科理解。

如下是"几何灯笼"跨学科作业1.0版：

元宵佳节，很多地方都会挂上灯笼，学校计划开学后举办立体几何灯笼展，既能让全校同学感受几何之美，又增加了节日气氛。如何制作一款美观、环保且用料最省的立体几何灯笼？

这一版本的问题在于不够凸显学生将如何完成作业的过程，没有明确学生要用怎样的方式来完成，为此，我们又设计了2.0版。

2.0版将整个过程分解出6个子任务（见图6-1和图6-2），这些子任务有的是单学科的，有的是跨学科的，都需要学生给出过程，将自己如何调用不同学科的知识和能力的过程显性化。这样的设计有助于描绘学生完成作业的认知过程，促使学生有意识地进行学科间的"跨"。

图6-1的3个任务立足于数学立场，主要是按照灯笼的设计流程展开的。为了更充分地让学生理解不同的几何体，学生需要给出3种不同的设计，并预测可能的展开图、计算展开面积、做出预案等。

---

1. 请给出至少3种立体几何灯笼的设计草案：

2. 请预测这3种几何灯笼的平面展开图：

3. 请计算上述3种几何灯笼的展开面积，列出可能用到的各类材料，并预测将为此花费的金额和时间。

图6-1 "几何灯笼"跨学科作业（部分样例1）

图6-2的3个任务是在任务1—3的基础上进行的更跨学科的设计。学生需要在设计草图中对元宵节的相关元素进行分析和理解，进行基于证据的表达，进而在视频演讲中阐述理念，而最后一个任务是为了促进学生的交流与表达能力的提升。为了增强思维性和互动性，任务6还匹配了一个学习支架。

4. 请说明上述设计草案在哪些方面体现了元宵节的相关元素？
5. 请根据任务1—4的结果选择你将最终制作的草案，并说明你选择的理由。
6. 你将如何向父母、同伴、老师说明你的设计理念，请做一个1分钟演讲视频，发送到班级群里，并选择至少3位同学的视频，比较你们的异同。

我听了谁的	他/她的主要设计理念	我可以学到什么	我可以建议什么
1			
2			
3			

图6-2 "几何灯笼"跨学科作业（部分样例2）

这一版本还匹配了一个灯笼方案的设计核查清单（见表6-1），我们还可以根据需要将这一作业定位成方案或实际成品，如果希望锻炼学生的动手能力，可以在方案的基础上进一步加入劳动、技术等方面的内容，最后通过学校中实际的灯笼展来展示。

表6-1　灯笼方案的设计核查清单

核查内容	成果表现
1. 灯笼方案中运用了一种或多种立体几何的组合	
2. 灯笼方案的平面展开图是准确的	
3. 用料的计算是合理的，对多种设计方法考虑后选择用料最省的一种设计	
4. 灯笼方案中的形状、典故、用色、材质等体现了元宵节的相关元素	
5. 灯笼方案中的材料是环境友好的	

二、跨学科作业的设计框架

跨学科作业不是一种孤立的作业形式，应该放在整个作业系统中分析，也应该认识到作业设计与课堂教学的设计是相辅相成的关系。

结合前面的跨学科学习的设计框架和上文所阐述的样例，本章提炼了作业设计的通用型五维框架（见图6-3），这一框架不仅适用于跨学科作业，还可以作为作业设计时的一种普遍参考。并非每种作业的设计都会涉及全部维度，往往越复杂的作业设计所涉及的维度会越多。

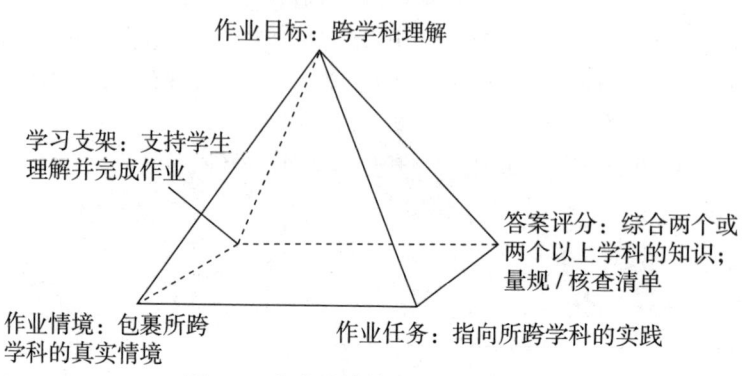

图6-3　作业设计的通用型五维框架

作业目标。任何作业都有特定的知识、能力目标，跨学科作业也不例外，除了所跨学科的知识和能力外，其独特的作业目标是要指向学生的跨学科理解。跨学科作业的目标可以来自课标、教材中的对应要求。

作业情境。作业情境是指作业所创设的或真实或模拟的情境。并不是所有作业都要有情境这个维度。但是，在项目化作业、跨学科作业设计中作业情境是必须具有的维度。

作业任务。作业任务是学生实质上要完成的作业要求。有时候跨学科作业中不只有一项作业任务，而是由一连串的任务组合而成。跨学科作业任务会涉及不同的学科要求的整合。

学习支架。作业是学生的一种独立学习和自我调控式的学习，当作业的难度超过学生独立学习的能力阈限时，或者当需要学生深化对某些知识的理解或能力的锻炼时，可以通过学习支架来予以支持。学习支架的形式有多种。在跨学科作业设计中，学习支架不是必要条件。

答案评分。这一维度包含两个方面：一方面是对学生，学生要形成作业的答案或成果；另一方面是对教师，教师需要对学生的表现进行评价，评价可以包含多种类型，比如量规、核查清单、分数等。

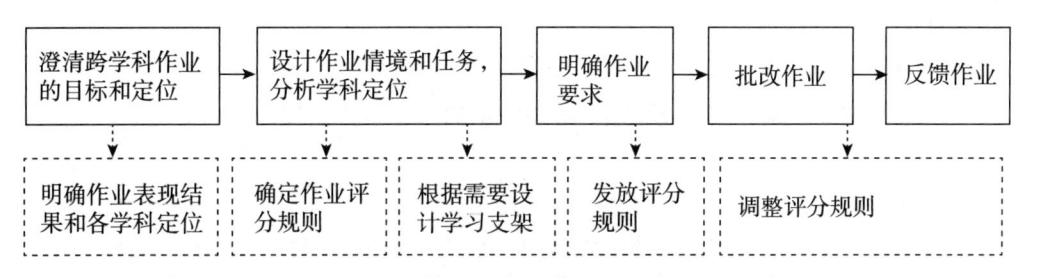

三、跨学科作业的设计流程

跨学科作业的设计流程与前述的跨学科学习和评价的设计都是相通的，只不过跨学科作业更简洁，教师不用跟进作业过程，而是通过作业结果来指导和反馈学生的学习。图6-4是我们根据一般的作业流程绘制的跨学科作业的设计框架。

澄清跨学科作业的目标和定位 → 设计作业情境和任务，分析学科定位 → 明确作业要求 → 批改作业 → 反馈作业

明确作业表现结果和各学科定位 ┆ 确定作业评分规则 ┆ 根据需要设计学习支架 ┆ 发放评分规则 ┆ 调整评分规则

图6-4 跨学科作业的设计流程

根据跨学科作业的复杂程度不同，作业设计可以分成两个版本。简单版的是图6-4的实线框部分，复杂版的是图6-4中实线框和虚线框整合的部分，融入了以终为始的评价设计理念。

鉴于教师们对通用的作业设计流程都比较明确，下面用"声律启蒙"[①]的例子对简单版跨学科作业设计流程的关键设计节点进行阐述，具体如图6-5所示。

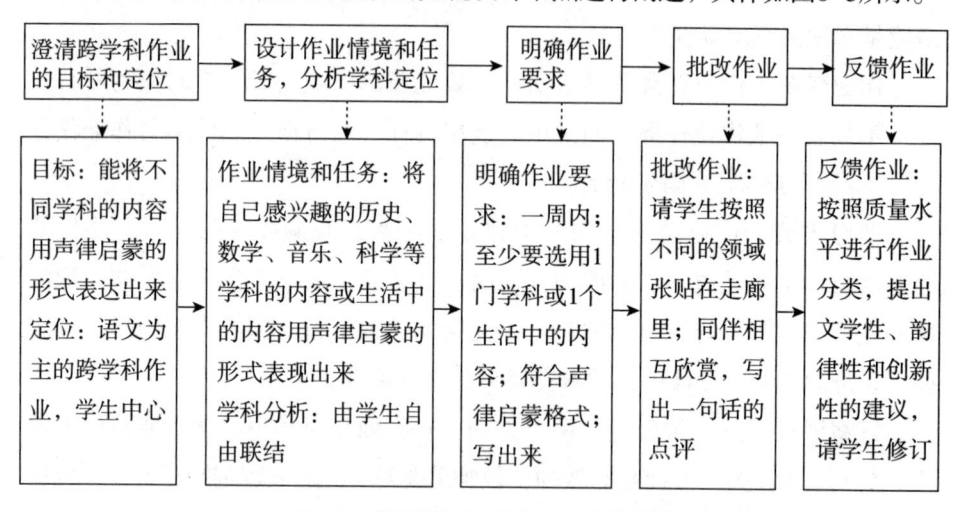

澄清跨学科作业的目标和定位	→	设计作业情境和任务，分析学科定位	→	明确作业要求	→	批改作业	→	反馈作业
目标：能将不同学科的内容用声律启蒙的形式表达出来 定位：语文为主的跨学科作业，学生中心		作业情境和任务：将自己感兴趣的历史、数学、音乐、科学等学科的内容或生活中的内容用声律启蒙的形式表现出来 学科分析：由学生自由联结		明确作业要求：一周内；至少要选用1门学科或1个生活中的内容；符合声律启蒙格式；写出来		批改作业：请学生按照不同的领域张贴在走廊里；同伴相互欣赏，写出一句话的点评		反馈作业：按照质量水平进行作业分类，提出文学性、韵律性和创新性的建议，请学生修订

图6-5　简单版跨学科作业设计的样例

从上述例子可以看出，简单版跨学科作业设计中，作业情境和任务可以整合在一起，作业要求也很明确地指出了评分要点。上例的设计和实施中体现了学生的视角和声音：学生可以选择跨到哪个学科，作业的反馈来自同伴的欣赏和点评。

如下再举一个复杂版跨学科作业设计的例子。2022年版生物学课标在跨学科实践部分提出了这样的要求：

根据家蚕的生活史、生活习性、食性、生活所需的环境条件（如温度、湿度）等，利用生活中简单易得的材料设计并制作恰当的装置，饲养家蚕。观察和记录家蚕的生长发育过程，收集我国养蚕的历史资料。

根据这一要求，可以形成如图6-6所示的作业设计流程。

---

① 聂雁云. PBL案例 | 如何用项目的方式学习古诗文？——《声律启蒙》三重项目读写之旅 [EB/OL].（2020-06-11）[2023-02-15].https://mp.weixin.qq.com/s/U701AfKaagoRgKHGo8BpBw.

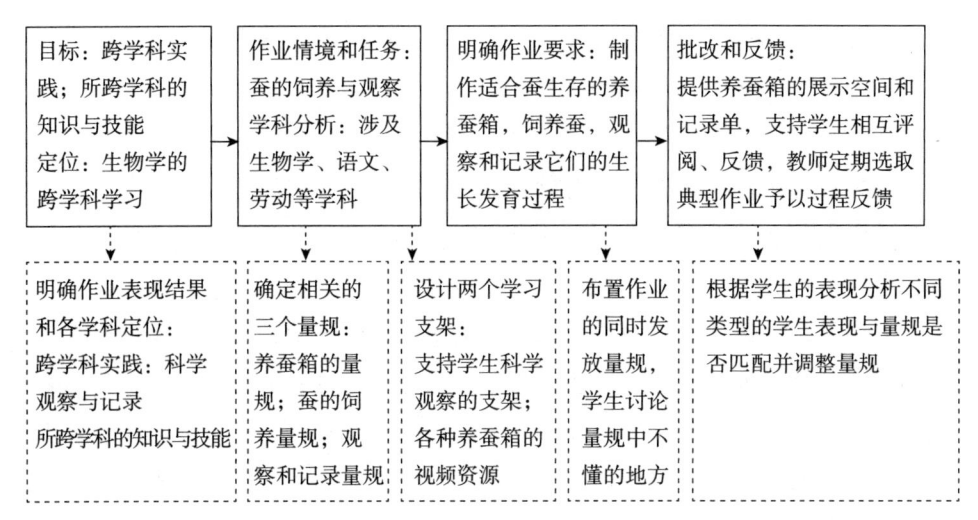

```
┌──────────────┐  ┌──────────────┐  ┌──────────────┐  ┌──────────────┐
│目标：跨学科实  │  │作业情境和任务：│  │明确作业要求：制│  │批改和反馈：  │
│践；所跨学科的  │→ │蚕的饲养与观察 │→ │作适合蚕生存的 │→ │提供养蚕箱的展│
│知识与技能    │  │学科分析：涉及 │  │养蚕箱，饲养蚕，│  │示空间和记录单│
│定位：生物学的  │  │生物学、语文、 │  │观察和记录它们 │  │，支持学生相互│
│跨学科学习    │  │劳动等学科    │  │的生长发育过程 │  │评阅、反馈，教│
│              │  │              │  │              │  │师定期选取典型│
│              │  │              │  │              │  │作业予以过程反│
│              │  │              │  │              │  │馈            │
└──────┬───────┘  └──────┬───────┘  └──────┬───────┘  └──────┬───────┘
       ↓                 ↓                 ↓                 ↓
┌──────────────┐┌──────────────┐┌──────────────┐┌──────┐┌──────────────┐
│明确作业表现结││确定相关的    ││设计两个学习  ││布置作││根据学生的表现│
│果和各学科定位││三个量规：    ││支架：        ││业的同││分析不同类型的│
│：            ││养蚕箱的量    ││支持学生科学  ││时发放││学生表现与量规│
│跨学科实践：科││规；蚕的饲    ││观察的支架；  ││量规，││是否匹配并调整│
│学观察与记录  ││养量规；观    ││各种养蚕箱的  ││学生讨││量规          │
│所跨学科的知识││察和记录量规  ││视频资源      ││论量规││              │
│与技能        ││              ││              ││中不懂││              │
│              ││              ││              ││的地方││              │
└──────────────┘└──────────────┘└──────────────┘└──────┘└──────────────┘
```

图6-6 复杂版跨学科作业设计的样例

四、跨学科作业设计的6个策略

跨学科作业具有实践性、情境性、整合性等特点，自然带动其他学科共同参与。我们提炼出以下策略供教师进行跨学科作业的情境和任务设计。

1. 创造／设计一个新＿＿＿＿＿＿＿

跨学科点：学生在创造、设计一个新东西时很可能会经历造型、动手操作、绘画、写作等过程，这一创造和设计的过程会与艺术、语文、信息科技等自然地建立联系。因此，如果是在数学、历史、道德与法治等学科的情境中进行创造与设计，就必然产生跨学科学习。

创造和设计的成果可以是一个科学实验、模型或作品，例如：

▶ 创造一个动物的立体栖息地模型。

▶ 设计一个可以检验你所做的鱼舍能否帮助鱼类生存的实验，形成实验方案并解释。

创造和设计的成果也可以是世界上从来没有的、人们从来没见过的东西，如食物、树种，甚至可以是岛屿、大山、文明等。这种类型的作业将更具有挑战性和创造性。例如：

▶ 创造一种人们从来没有见过的但又可以作为当地特产的水果。

● 设计一种新的水果或蔬菜，列出它的生长条件，你准备如何烹饪，过程是怎样的，以及你的感觉如何。

在设计这种"从来没有"的东西时，作业中一定要对质量提出要求，要让学生的设计是基于证据的，进行有理有据的创造。比如，以下是高中生物学的跨学科作业，要求学生创造外星生物，但是学生并不能随意编造，而是要完成文中提出的五个必要步骤，以达到质量要求。

科幻电影中通常会有与地球相似的生物群落的行星，也有行星上代表不同层次食物链的外星生物。这些生物需要很好地适应它们的环境或它们在食物链中的位置。学生需要为设计工作室或电影制作人设计适当改编的外星生物，以在未来的科幻电影中使用。学生不能随意创作自己的外星生物。他们需要：

第一，了解地球的生物群落、动物适应性、食物链、食物网，以及DNA中的基因如何指导蛋白质的合成等。

第二，每个团队选择一个生物群落，每个团队成员创造一种外星生物，代表食物链中的一个角色（草食动物、捕食者、顶级捕食者、清道夫）。每个团队需要思考所创造的外星生物如何适应物理环境。

第三，团队需要思考所创造的生物之间的食物链关系是怎样的。

第四，团队需要思考如何利用学到的关于蛋白质合成的知识，根据外星生物的外观，来识别外星生物的基因。

第五，学生联系电影制作人和设计工作室分享他们的作品，提供他们设计的外星生物网站的链接。

2. 用学科B表现学科A

跨学科点：学科A的内容可以用学科B的形式来表现。比如，文学领域的内容可以用艺术形式来呈现，而音乐领域的内容可以用美术、语言的方式来呈现，历史研究可以用物理模型来呈现等。在不同学科之间进行强制性联想，形成更有创意的、意料之外的跨，往往能够给学生带来新视角的启发，例如：

● 将《四小天鹅》舞曲用美术创作的方式来呈现。

● 写一篇游记，记叙你访问地球上的某个特定经纬度的城市或地区时，这个地方是怎样的，你的感觉如何。

▶ 用物理模型来展现历史文明发展的兴衰理论。

▶ 拍摄出具有宋朝诗情画意风格的摄影作品，并举办一场摄影展。

这种类型的作业设计还有一种创新的形式，就是在这类作业中加入其他学科的实验或实践，以加深学生对这个学科的理解，比如在英语作业中加入社会性实验。[①]

英语一周日记：在一周的时间里至少选择两天，记录下列与朋友有关的四种特别的日子中自己的经历和感受。

（1）没有朋友的日子

这一天中，学生与好朋友不能有任何朋友间的交流和互动；回家后，在日记格式的作业纸上，用几句话以及配图记录自己的行为、朋友的反应，记录自己和朋友的情绪变化，最后记录自己的感受。

（2）有朋友的日子

这一天中，每个学生抽取自己的秘密好友且不能告诉这个朋友，但是要对其做一些"好朋友"之间做的事情；学生需要根据其他同学的行为猜测自己是谁的秘密好友，或记录自己为自己的秘密好友做的事情等。

（3）访谈如何获得真正朋友的日子

这一天中，学生可以选择爸爸妈妈、高年级的哥哥姐姐、家里的亲戚、老师等，询问他们在与自己真正朋友的交往中发生的趣事、留下的难忘经历或找到真正朋友的策略。

（4）与一个自己从来没有交往过的人尝试交朋友的日子

这一天中，学生要选择班级中自己平时很少与之交流的一个同学，运用至少三种不同的交友策略，尝试和这位同学成为朋友，并记录在这一天中自己和他的表现，分享对这位同学的新了解。

3. 为_____总结推介

跨学科点：引导学生用新兴媒体如公众号推文、视频、音频等方式为特

---

① 张英.PBL案例丨语言艺术类的项目化学习如何开展？——让我们来做好朋友吧！[EB/OL].（2021-04-15）[2023-02-15].https://mp.weixin.qq.com/s/S__KZe7VYoDb_xLi-5nv5Q.

定的群体总结、推介正在学习的内容，这样不仅可以帮助学生提高对新材料的理解和记忆，还可以让教师深入了解学生是否真正掌握了重要内容。例如：

- 写一篇500字的推介文，为学弟学妹们推介《红星照耀中国》一书。
- 用手机或平板电脑上的软件录制一个1分钟的音频或视频，总结一节或多节课的关键概念。
- 给老师（或家长）写一封信，总结过去一周的学习成果，说明自己现在理解了什么。
- 为低年级的学生制作一本小册子，描绘他们家周围自然环境中的2D和3D的形状。

4. 在_____中应用

跨学科点：当学生能够将自己的学习迁移到新的环境中时，学生的理解自然而然就展示出来了，因此，检查理解的最好方法之一是看学生能否在某种新的情境下应用。这种方法包括要求学生寻找或创造新的例子来说明新学的概念。例如：

- 创建一个真实生活中的数学应用题，看看其他同学是否了解如何计算表面积。
- 找出一篇新闻报道或博客文章，介绍个人权利和公共利益之间的紧张关系。
- 森天知道她班级里有一半同学被邀请参加某个同学的生日聚会，另一半同学被邀请参加另一个同学的生日聚会，森天想这些加起来正好是百分之百，所以她肯定会被邀请参加其中一个聚会。解释她为什么错了，请用图表来解释。
- 在学校的各个场所中尽可能多地寻找表示不同垂直关系的案例。
- 研究毕加索的立体主义时期，举出典型的画作案例。描述毕加索这一阶段的探索对你设计可穿戴艺术有怎样的启发。

这种应用型作业可以整合各种知识点，是比较有效的复习作业。

5. 为_____教授_____

跨学科点：为某一类群体教授某些内容，这一类型的任务本身就带有跨学科的性质，要求学生带有同理心地去理解这类群体的特点，根据他们的特点进行沟通和交流。群体可以是真实的，如学弟学妹、老年人、新生、参观者等；也可以是虚拟的，如外星球来客、土著居民等。教授的学科内容可以是来自各个学科的概念、能力或新知识。教授的过程可以深化学生对问题的理解。这样的例子如下：

- 设计一个5分钟的课程，让低年级学生了解供求关系如何影响商品的价格。课程中要包含至少2个具体例子。
- 你的朋友一直没来上课，错过了两节"社区帮助者"的课程。请画出我们社区中至少5位帮助者的形象，帮助你的朋友理解"社区帮助者"的概念。
- 对你的父母做一个不超过2分钟的讲解，运用打比方、举例子等各种方式，使他们理解这个核心概念，并让他们用自己的话说出来。①

6. 赋予_____（角色）模拟_____

跨学科点：假设学生获得真实世界中的某种特定角色，他们需要运用这一学科的专家知识，表现出类似的专家思维。他们可以模拟进行专业实践，这种实践会自然地带有跨学科的思维方式。比如：

- 模拟举行一次乡村老人聚会，要求学生从老人的角度描绘自己生活中遇到的各种困境。
- 阅读林肯与道格拉斯辩论的简本，想象你生活在那个时代并听到了这个辩论。根据你所了解的有关辩论的问题，写一封信给你的朋友，向他解释你对这个历史问题的态度以及它的重要性。
- 作为汉字学家做一次汉字研究报告，介绍自己准备讲解的汉字，讲解中可以包含汉字的起源、演变故事、对汉字的联想、汉字的各种运用。
- 作为城市的彩绘师，从城市变迁的相关视频和图片中提取能体现这座城市的系列色彩，通过四个关键词表达人们对未来精神和未来物质生活的需求和理解，概括出城市形象，为每个关键词配上相应的颜色，

---

① 如上的策略 3—5 来自网站 edutopia：8 Quick Checks for Understanding，具体网址为 https://www.edutopia.org/article/8-quick-checks-understanding。

形成城市色彩方案。①

这样的作业还很适合与整本书的阅读结合起来，比如基于《红星照耀中国》这本书，可以设计这样的情境：

闷热的窑洞中，毛泽东盘坐在炕上，面前的桌子上放着文件，左手边墙上挂着军用地图，翻译吴亮平和"我"（斯诺）对坐在炕前，毛泽东的妻子贺子珍在炕尾补衣服。

"我"看到毛泽东（外貌形象、言谈举止）_____。

"我"打开事先准备的采访话题本，开始了对他的访谈。

建议的采访提纲如下：家庭背景、童年经历、教育情况、兴趣爱好、革命起因、革命经历等。（王敏，2021）

这个采访任务设计可以帮助学生建立毛泽东的人物档案，为深入阅读探究做铺垫，进一步培养学生的信息筛选能力，同时也呼应了初中语文统编版教材中"活动·探究"单元中关于新闻采访的相关知识。

教师可以结合以上跨学科作业设计的相关内容，提前规划整个学期的跨学科作业类型，并在学期初用更富有趣味性和选择性的方式给到学生。比如按照关键能力这一线索将其分布在九宫格中，学生可以选择任意一条线上的三项作业来完成，也可以选择用文字、图片、视频等不同形式呈现。总之，可以用各种富有创意的方法让学生发现作业既可以很有趣又对真实世界很有用。

---

① 改编自上海市黄浦区第一中心小学"小小创造家"课程团队设计的"为未来城市描述动人色彩"项目的驱动性问题。

第七章

语文跨学科学习：
"历史的回声"实例分析

在前面六章，我们已经描述了跨学科学习的设计、实施，包括作业设计等的基本特征。从本章开始，我们将通过相对完整的案例描述不同学科领域中的跨学科学习的设计与实施。

一、语文课程标准中跨学科学习任务群的定位

《义务教育语文课程标准（2022年版）》对跨学科学习任务群的定位是：

本学习任务群旨在引导学生在语文实践活动中，联结课堂内外、学校内外，拓宽语文学习和运用领域；围绕学科学习、社会生活中有意义的话题，开展阅读、梳理、探究、交流等活动，在综合运用多学科知识发现问题、分析问题、解决问题的过程中，提高语言文字运用能力。

由此可见，跨学科学习任务群的目的仍然定位在语文本身，是要"提高语言文字运用能力"，而不是为了解决其他学科的问题。这就提醒我们，如果一个语文的跨学科学习任务群只是让学生进行活动，或掌握了很多其他学科的知识与能力，而没有提升学生的语言文字运用能力，那么，我们不能说它是语文的跨学科学习任务群。统编版教材围绕"人文主题"和"语文要素"双线组织单元，"人文主题"的引入为跨学科学习的开展提供了载体和来源，而"语文要素"则提供了跨学科学习的语文学科立场。

跨学科学习任务群达到上述目的的载体是不一样的。其他学习任务群的载体基本上是在语文内部，而跨学科学习任务群的载体是在真实世界中，并且跨越到其他学科领域。如课标所说，跨学科学习任务群要"联结课堂内外、学校内外，拓宽语文学习和运用领域"，"围绕学科学习、社会生活中有意义的话题"。

跨学科学习任务群是通过在真实世界中"发现问题、分析问题、解决问题"进而进行相关的言语实践而达成语文学习目标的，而其他学习任务群是通过较为纯粹的语文学习方式，比如阅读、积累、梳理等；跨学科学习任务群中的问题和通常的文本分析类的问题是不一样的，它会伴随着现实情境与探索，很难仅通过细读文本的方式来解决。

语文课程标准中虽然提出了跨学科学习任务群，但是义务教育阶段的

语文教材中并没有完全匹配这一任务群的单元，小学语文教材中的综合性学习单元、初中语文教材中的活动·探究单元比较指向这一任务群，另外一些单元的人文主题、选文仅是有科学、历史的内容倾向。为此，如果我们想要依托教材中的单元落实语文课程标准中的跨学科学习，就要选取适合的教材单元。在以下案例中，笔者选取的是统编版语文教材六年级上册第二单元。

二、"历史的回声"项目的目标与载体[①]

这一单元以"革命岁月"为主题，编排了课文、口语交际、习作和语文园地等内容，其中的五篇课文分别是《七律·长征》《狼牙山五壮士》《开国大典》《灯光》《我的战友邱少云》。本单元所选课文同属于革命题材的作品，基本按照时间顺序编排，反映了中国革命斗争不同时期的历史进程。结合单元导语及教师教学用书可知，本单元承载着引导学生"重温革命岁月，把历史的声音留在心里"的育人价值。

从语文要素出发，本单元所选取的五篇课文包括诗歌、小说、纪实文学、散文、故事等各种文体形式。其中《七律·长征》《狼牙山五壮士》《开国大典》属于重点课文，后两篇的小说和纪实文学采用点面结合的场面描写方式。习作部分建议学生将亲身经历的活动过程写清楚，把印象深刻的内容作为重点来写；既要关注整个场景，也要注意人物的个体描写；把自己的体会写下来。

从学生思维发展水平来看，经过小学五年的学习，六年级学生大多能独立阅读本单元课文，并提取主要信息，能大体体会作品中蕴含的英雄豪情。但因本单元所编排的内容为革命题材，无论是英雄人物、革命时间，还是时代环境、革命精神，对当下的六年级学生来说都是陌生且遥远的，单凭教材中的文字及所配的插图，学生很难真正感受到先烈们英雄事迹的真正意义，更难以体会到革命者的壮志豪情。

[①] 本案例来自上海市徐汇区第二初级中学。设计与实施：孙晶，李思絮。撰写：孙晶。指导：夏雪梅。

为此，这一单元的学习采用了跨学科学习中比较高阶的一种样态——跨学科项目化学习。本案例将语文和历史作为所跨学科，将项目化学习作为一种实施方式来进行。本案例基于2022年版课标，综合本单元原有的语文学习目标和跨学科学习任务群的第三学段目标，形成新的跨学科项目化学习目标，如图7-1所示。

语文	历史	学习素养
• 阅读反映各个时期中国革命文化的优秀诗歌、纪实文学、散文、小说等文学作品，能欣赏、品味语言、形象等，交流审美感受 • 能结合文学作品的背景资料，体会作者的情感和思想内涵 • 能根据所选主题筛选、组织材料，建立主题与材料之间的内在逻辑关联 • 尝试运用多种文学体裁，对所选材料进行创意表达，凸显场面描写与相应的历史真实性的融合 • 能在真实情境中欣赏他人的习作，并提出合理的修改意见 • 能采用口头和书面相结合的方式分享自己的经验、感受与研究成果	• 了解自中国共产党成立至今，中国历史进程中各个阶段的时间节点，绘制时间轴 • 能够基于历史发展的基本线索，理解历史分期 • 初步形成判断重大历史事件的标准，并基于标准选择不同革命阶段的重大历史事件 • 能够对所选择的重大历史事件进行简单的史实描述和评价 • 知道史料的基本类型，理解史料对于研究历史的作用和价值，初步形成史料实证的思想	• 能参与小组讨论，并服从小组分工；明确自己在活动中的角色，按时完成自己的任务 • 能采用实地考察、查阅资料、梳理筛选等多种方式收集资料；能围绕主题开展同伴讨论 • 能倾听他人的建议，欣赏他人的优点，合理表达自己的想法，努力完善成果 • 设计展板，运用多种形式分享学习成果

图7-1 "历史的回声"项目的学习目标

采用了跨学科项目化学习这种载体后，就需要将上述目标转化为可跨的载体。本项目的本质问题为：如何运用多种文学体裁书写特定历史场景，在更加生动、感人的表达中凸显历史场景的重大意义？

本项目的驱动性问题为：时值庆祝新中国成立74周年之际，学校计划创建一个展厅，作为策展人如何选取重大历史场景，用多种文学体裁来布置展厅？

三、"历史的回声"项目实施过程

本项目入项的时间正值迎接国庆节，结合教材中《开国大典》等五篇课文，教师用两个与文本有关的入项事件作为驱动性问题来引入。

（一）入项：中国革命历程策展引入

入项事件1：播放《开国大典》的视频并提出一个关键问题："为什么这个庆典如此盛大，如此激动人心？"基于文本，教师自然地引入《开国大典》课文中的场面描写，涉及中国共产党领导中国革命的历史进程，让学生对探究文本充满了期待。引导学生在对文本探究的头脑风暴中感受全国人民在新中国诞生时的骄傲和自豪，同时引入单元目标。

入项事件2：单元自主学习。学生在任务单中阅读单元导语，归纳五篇课文题目涉及的历史时期，列出五篇课文在文体及表达方式方面的异同点。学生归纳出五篇课文的不同体裁，划分出长征、抗日战争、解放战争、抗美援朝及新中国成立等重大历史事件；学生们还发现几篇课文在选材、表达等方面的特色和共性。

提出并分析驱动性问题：基于上述入项事件，教师鼓励学生分析驱动性问题，厘清在这个项目中需要做些什么，学生很快抓住其中的几个关键词"新中国成立74周年""重大历史场景""多种文学体裁"，教师提示学生可尝试运用思维导图让思维变得直观、可视化。

（二）重大历史场景的创意表达

本项目的本质问题是："如何运用多种文学体裁书写特定历史场景，在更加生动、感人的表达中凸显历史场景的重大意义？"在整个跨学科学习任务群的设计中，每一个子任务都是为解决这一本质问题服务的。如何让学生在跨学科的历史情境中学习并运用多种文体对重大历史场景进行表达呢？教师设计了以下子问题链：

▶ 子问题1：基于小组所选的历史时期，你将选取哪些特定的历史场景来凸显对中国革命斗争精神的理解？

- 子问题2：为了突出所选历史时期和主题，所筛选出的特定历史场景之间在板块内将呈现怎样的逻辑关联？
- 子问题3：根据现有史料，如何围绕中心对特定历史场景进行内容完整、重点突出的表达？

解决子问题1的要点是学生需要明确可以选择哪些恰当的历史场景作为布展内容，即确定表达的对象——素材。

"历史的回声"时光长廊展厅为本项目的成果，作为策展人，学生需要树立中国近代历史发展的时间意识，明确展厅的主体内容是由不同时期的重大历史事件串联而成的。对于"重大历史事件"关键词的理解，学生经历了观点上的变化过程。学生最初的观点是将所有发生的历史事件都罗列出来，发现涉及的事件太多，然后在历史老师提供的"史料"的帮助下，再结合本单元课文得出了一个相对客观的标准，即评价历史事件是否重大的标准应该是看这一事件能否对当时和后世产生影响。学生需通过绘制中国革命历史的时间轴来了解自中国共产党成立至今，中国历史进程中各个阶段的时间节点以及发生的重大历史事件。

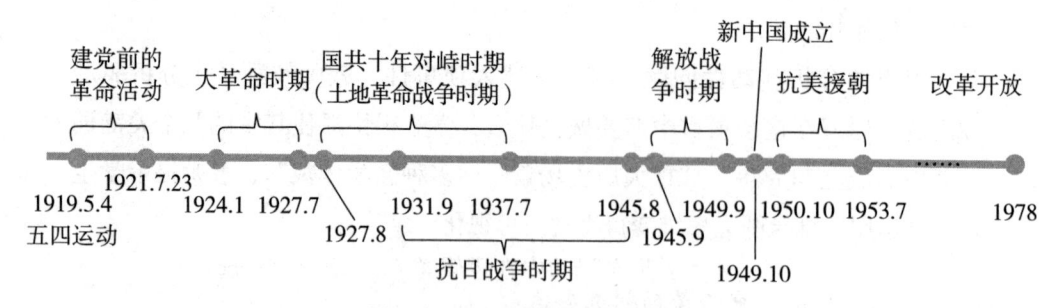

图7-2 历史教师绘制的时间轴

图7-2为历史教师在学生独立研学之后绘制的时间轴，可为学生的学习成果提供检验标准。学生先自己绘制时间轴，然后历史教师再根据学生的绘制情况予以指导。学生根据重大历史事件的评价标准，罗列出重大历史事件，再根据本组讨论形成的布展主题对事件进行筛选。最终，学生们通过阅读网络资料罗列出本组所选历史时期中的重大历史事件，完成学习单1（见表7-1）的前两列内容。

表7-1 "历史的回声"学习单1

小组名称：

所选历史时期：

重大历史事件	选择历史事件的理由	小组意见	筛选后的重大历史事件

明确了历史层面的重大事件后，如何从"策展"的角度选材，进一步筛选出合适的重大历史场景？教师带领学生走进语文课本，引导学生从不同角度对第二单元的五篇课文进行分类，进而推测编者这样安排文本的意图，引导学生用"编者"的思维分析材料选取的特点。这个活动设计很好地调动了学生的思维，他们以小组为单位发现了编者组织材料的秘密：五篇课文不仅可以按照时间的顺序来理解，还可以按照地点转换、体裁多样、革命对象、写作手法、内容选择等方面进行分类。

学生们进一步推测了编者的意图，如为了引导读者了解中国革命战争的历史，感受先烈们的英雄气概和革命精神，可以根据历史场景的特点及表达情感的需要选择不同的文体形式进行表达。学生们也迁移这样的思维逻辑来布置展厅，使得展厅内容不仅丰富、有序、富有变化，还能做到围绕主题进行材料的组织和安排。

解决子问题2的要点是为了更突出所选的历史时期和主题，策展人要对所选材料进行重组，以建立彼此之间的内在逻辑关系，即建立所选材料之间的联系——组材。

以雄鹰小组组织材料的过程为例，他们选的时间段为1964—2021年，在这样一个时间跨度非常大的历史时期，他们经过反复讨论后最终选取了第一颗原子弹爆炸、恢复联合国合法席位、改革开放、香港回归、举办奥运会和北斗三号全球卫星导航系统建成六项重大历史事件。这六项历史事件按照时间顺序排列，又分别代表了中国这段时期在军事、政治、经济、外交、体育、科技方面所取得的阶段性重大成就，每一部分都有自己独特的小主题，每个小主题汇聚成整个展板大的主题"中国腾飞"。在具体内容的呈现上也非常具有代表性和多样性，如"逆境中壮大"描述的是中国恢复联合国合法席位这一特定历史场景，策展人捕捉了历史资料中"乔的笑"这一细节，此外还有对人物传记、重大场面等内容的呈现。配图与描述的文字、展览的主题相得益彰。

解决子问题3的要点是学生如何围绕中心对特定历史场景进行内容完整、重点突出的表达，即学习并运用语文知识——表达。

为了凸显特定历史场景的重大意义，学生既可以选择宏观描述的大事件，也可以选择其中微小的细节。最初，学生对于布展的主题还仅仅停留在"记住历史"这一比较宽泛且浅显的层面。怎样将这些特定历史场景组织和联系起来？怎样围绕主旨将材料写得更丰满、生动？教师选取了两张学生感受最深的图片，从提炼中心、挖掘材料内涵、突出表达要点等方面进行指导。随后，再以《狼牙山五壮士》一课为例，引导学生要突出表达这一特定历史场景可以从三个方面进行思考：将事件划分为几个阶段，根据中心确定重点阶段，围绕中心进行点面结合的场面描写。

表7-2所示的是一位策展人对历史性表达进行的文学性再创作。

表7-2　历史性表达与文学性再创作

资料中的历史性表达	学生的文学性再创作
1921年7月23日至8月初，中国共产党召开第一次全国代表大会。当时参加会议的有李达、毛泽东，陈独秀指定包惠僧代替他出席会议。此外还有代表全国各地50多名党员的其他代表出席了大会。	红日东升 一九二一年七月的一天晚上，上海的马路传递出的久经炙烤的闷热，有些让人透不过气来，唯有望志路上高大的法国梧桐似乎多了几分精神，似乎预示着历史正悄然发生着变化。这一天，梧桐树掩映的富有石库门特色的几栋红砖房内迎来了包括李达、毛泽东、包惠僧等一群有思想、有热情的客人，以及来自全国各地的50多名党代表，他们惊天动地的共产主义理想的种子也在这一天悄悄且迅速地植根于中国的大地上。听，那是共产国际代表马林和尼克尔斯基在热情洋溢地讲话；看，那是他们在认真细致地商讨党的纲领和计划。这是他们首次正式聚首，虽发生在晚上，却犹如一轮红日在黎明前的东方冉冉升起，将让世界充满光明与温暖。

基于史实，这位策展人将资料中这段历史性表达用充满文学性的语言再现出来。从学生的创作中，我们不仅可以看到当时一些场景的真实写照，也能够通过语段中的环境描写和会议场面的描写看出学生对中共一大的理解，以及对革命者开一代先河的斗争精神的赞颂。策展人给这段文字拟的标题为"红日东升"，诠释了文字内容所传达的主题。从语文学习的角度来讲，学生创作的文字不仅包含了资料中的一些史实，还更具有可读、可感的故事性，挖掘了特定历史场景的重大意义，更容易引起参观者的共鸣。

除了这种再创作外，也有学生进行了诗歌、散文的创作，还有学生针对某一重点历史场景发表了自己的看法和议论。学生们所创作的文稿同样成为其他学生学习写作的支架，最终每个小组都至少选择了三种文体形式进行了创作，不同程度地达成了学习目标。

（三）策划展板

文稿写作修改的同时，策展人开始浏览线上场馆，规划、设计自己展板的内容与形式。与此同时，根据评价先行的原则，教师与策展人一起商讨初步的评价量表。表7-3中的评价量表为本案例中教师综合各小组意见之后形成的讨论修改稿。

表7-3 "历史的回声"项目实施阶段评价量表

小组名称：＿＿＿＿＿＿＿   所选历史时期：＿＿＿＿＿＿＿

序号	评价指标	小组自评（1—5颗星）	其他小组评分（1—5颗星）	教师评分（1—5颗星）
1	时间节点安排合理，任务清晰			
2	任务布置具体、明确，分工清楚			
3	所搜集的资料符合主题			
4	所筛选出的历史场景都能突出展厅的主题			
5	文学体裁多样化，场面描写符合史实的表达需要			
6	展板草图设计构思新颖，排版合理，具有较高的观赏价值			

续表

序号	评价指标	小组自评 （1—5颗星）	其他小组评分 （1—5颗星）	教师评分 （1—5颗星）
总计				
修改思路：				

在评价量表的引导下，学生们开始梳理整个项目的实施过程，规划策展的形式及亮点。其他学生在讨论两位策展人的建议时发现，由于参观人主要为本校学生，展板的文稿内容不宜过长，最终展示的作品都要是学生的原创作品。

经过各组的规划及总体讨论，"历史的回声"展厅主体部分由七块展板组成，遵循历史学科的"时空观念"，主题分别为萌芽、征途、缅怀、崛起、蜕变、锻造、腾飞，分别由七个小组完成。学生推荐两名总策划人，总策划人需要根据教师及专业人士的指导给出总的策展建议，并对过程中的小组展板设计提出修改建议，布展时尽量满足不同分工、不同程度、不同形式的经验分享表达需要。出项前教师和学生也共同讨论形成了包含创作内容、团队合作等维度的评价量表，见表7-4。

表7-4 "历史的回声——时光展厅"评价反馈表

您的身份是：专业人士（　　） 教师（　　） 学生（　　）
您参观、评价的小组（板块）名称为：＿＿＿＿＿＿＿

评价角度	评价内容及标准	您的评价
创作内容	选取的历史场景重大且典型，符合该板块主题	☆☆☆☆☆
	能够运用多种文学体裁进行场面描写，运用得恰当且合理	☆☆☆☆☆
	板块内容间具有较强逻辑性，能够恰当反映小组成员对历史场景的情感或认识	☆☆☆☆☆

续表

评价角度	评价内容及标准	您的评价
创作内容	展板内容充实、布局合理，具有较高的观赏价值	☆☆☆☆☆
团队合作	作品完成过程中能体现团队合作，展览中所有团队成员参与讲解或分享	☆☆☆☆☆
请您对本小组（板块）还可以改进的地方提出建议：		☆☆☆☆☆

四、评价项目中的跨学科理解

学生是否发展了以及发展了怎样的跨学科理解反映在其最终的成果上。下面以彩虹小组的成果为例，分析学生个人成果和团队成果体现的跨学科理解。

总体而言，评价学生是否达成本案例最核心的跨学科理解，主要在于学生能否根据史实选取合适的文学体裁，运用场面描写、环境描写、人物描写等手法对所选材料进行创意表达，凸显自己对特定历史场景意义的理解。这一定位也与前述的目标相匹配。如下的彩虹小组设计，以新中国成立为系列主题，采用缩写、创作诗歌、故事创作等多种形式，运用了多种手法进行创意表述，深化了学生对特定历史场景的理解。

在这组学生的个人成果中，第一篇是对开国大典的典礼场面的聚焦描写。

开国大典

建国板块　主题：崛起　彩虹小组：周家颖

1949年10月1日，这注定是令人振奋的一天，天安门广场格外热闹，丁字形的广场汇聚着五湖四海的群众队伍。人们有的高举红旗，有的高歌，还有的提着红灯笼，形成了一片"海洋"。

下午三点整，开国大典正式开始，敬爱的毛主席站在主席台中央，与群众打着招呼。随后，毛主席向全世界庄严宣告："中华人民共和国中央人民政府今天成立了！"在场的人民群众瞬间欢呼起来，脸上洋溢着灿烂的笑容。

　　紧接着，毛主席亲自按动电钮，在《义勇军进行曲》的雄壮旋律中，第一面五星红旗冉冉升起。广场上，54门礼炮齐鸣28响，象征着中国共产党领导全国人民艰苦奋斗的28年历程。

　　升旗结束后，毛主席宣读了中央人民政府公告，并举行阅兵式。人民解放军海、陆、空三军受阅部队伴着雄壮的《中国人民解放军进行曲》缓缓进场。最令人振奋的是陆军部队，他们以师为单位列成方阵，迈着威武雄壮的步伐由东向西行进，分列通过天安门前。在步兵师之后，正在接受检阅的是炮兵一个师，一排排整齐的炮向检阅车的方向匀速移动着；接着，是战车师，三排坦克后面紧跟着两排装甲车，个个都如威武的铠甲战士般挺立在阅兵大道上。就在战车部队浩浩荡荡经过主席台时，最特殊的空军受阅部队也带着轰鸣声呼啸着从天安门上空飞过。他们先是呈一列队围着阅兵车的上空转了几圈，再是翻了好多个高难度"后空翻"，最后向着毛主席的方向"点头"，主席也热情招手回应。广场上的群众看见这样的场景，情不自禁把工服、帽子、围巾也抛上高空，热烈的欢呼声一浪接着一浪，人们不停地鼓着掌，扯嗓子喊，不惜把手掌都拍麻了，还觉得不能表达自己内心的激动。阅兵式持续近三个小时，结束时天色已晚，长安街上华灯齐放，工人、农民、学生等游行队伍高举红旗，为人民当家做主的新中国诞生纵情欢呼。这真是令人振奋的一天啊！

　　晚上九点半，开国庆典正式结束了，游行队伍有序地离开会场，人们的脸上仍洋溢着幸福的笑容。北京城灯火通明，正如一片光明映照的新中国一样，给人带来希望。

　　学生对课文《开国大典》进行了缩写，侧重开国大典的典礼场面描写，集中展现了开国大典时，阅兵和人们欢呼等盛大场面，既有对群体人物的描写，又有对领导人个体形象的描写，文末还增加了体现自己对事件感受的议论语句。这样的创作使对历史场景描写的侧重点发生了变化，是从策展人的立场出发的创作，凸显了材料与主题之间的逻辑关系，同时表达了自己对特定历史场景的情感体验与理解。

彩虹小组学生还创作了诗歌《一场伟大的盛典》，这一诗歌是对上文《开国大典》转换文学体裁的再创作，在诗歌标题和形式方面经过教师简单指导后的变化，让学生产生了满满的成就感，对现代诗歌的创作产生了浓厚的兴趣。

一场伟大的盛典

建国板块　主题：崛起　彩虹小组：朱嘉妤

蓝天，白鸽，
喜庆的人们在天安门广场聚集。
红旗，鲜花，
无数的笑脸在秋日阳光下绽开。

古老的中华民族，
扬眉吐气，
昂首挺胸，
迎来了新时代！

看雄关漫道真如铁，
看英雄儿女意志坚，
看血肉长城永不倒，
看东方红日照天边。

一声，

> 中华人民共和国成立了！
> 从此，
> 东方雄狮屹立整个世界！

就展板本身的艺术性和结构性而言，学生以小组为单位在布展时呈现的展板内容及设计形式，涉及语文、历史、美术等众多学科内容，大多数小组的文稿包含三种以上体裁，如新星小队，其展板以长征路线图为背景，在外显的历史时空交错中配以相应的文稿内容，带领观展人"重走长征路"，领略长征这一伟大的革命壮举，体会红军长征的伟大精神。而在形成展板、对展板的出项汇报中也体现了团队成员的决策、合作、沟通和问题解决能力。

五、分析：如何依托语文教材单元进行跨学科学习

本案例的设计是以项目为载体的，上述案例反映了在进行语文的跨学科学习设计时应思考的一些基本问题。

（一）跨学科学习任务群与教材单元之间如何匹配

课标中对于跨学科学习任务群应与语文教材中的哪些板块对应并没有明确的阐述。从当前统编版教材的编排来看，主要可能有两种匹配路径：第一，教材本身的设计预留了对应的跨学科学习活动，如小学语文教材中的综合性学习单元、初中语文教材中的活动·探究单元都带有跨学科的性质；第二，教材中的单元、篇目、栏目来自科学、历史等领域，蕴含着跨学科的可能性，虽不直接指向跨学科学习任务群，但可以通过和其他学科进行整合来产生跨学科学习的效果。

统编版语文教材的单元有不同的语言载体，这些载体往往会涉及特定的领域，比如历史、科学、艺术等，这些板块或单元可能是属于语文中其他学习任务群范畴的，比如"思辨性阅读与表达""文学阅读与创意表达"学习任务群，但是因为其文章的载体体现了科学、艺术等领域的素材，所以不可避免会涉及跨。这种类型的板块或单元事实上就会自然地指向跨学科学习。

上述单元的选取即是如此。这一单元的五篇课文包括诗歌、小说、纪实文学、故事等文体形式，同属于革命题材的作品，基本按照时间顺序编排，反映了中国革命的历史进程。这些课文涉及对重大历史事件中宏大场面的记叙和描写，有对群体人物形象或个体人物形象的塑造，集中展现了新民主主义革命时期中国取得的革命成果以及新中国成立后反对外来侵略保家卫国的壮丽图景。为此，这一单元的人文主题本身就带有浓厚的历史感，可以用来达到跨学科学习任务群的学习目的。

在三年级至八年级的语文统编版教材中，除了这种与历史关键事件有关的单元外，至少还有两种带有跨学科主题特征的单元。一种是与科学阅读、科学观察、科幻有关的语文单元。如四年级上册第三单元，单元课文主要是围绕"处处留心""连续观察"等主题进行编排的，主要由《古诗三首》《爬山虎的脚》《蟋蟀的住宅》三篇课文组成。目的是使学生学会观察的方法，进行连续观察，让学生进行细致的描写，体会作者是如何通过准确生动的表达来对事物进行描写的。另一种是与艺术、美术绘画、建筑等主题有关的单元。如六年级上册第七单元，这一单元的人文主题为"艺术之美"，语文要素是"借助语言文字展开想象""写自己的拿手好戏，把重点部分写具体"。这一单元的文章包括《文言文二则》（包括《伯牙鼓琴》《书戴嵩画牛》）、《月光曲》、《京剧趣谈》等。课文《伯牙鼓琴》中的古琴、《书戴嵩画牛》中的绘画、《月光曲》中的音乐、《京剧趣谈》中的戏曲，口语交际中的书法，其中体现的传统文化与艺术有密切的关联，都体现了艺术之美。

（二）如何合理安排其他学科在跨学科学习中所占的比重

本案例的设计也整合了历史教材中的相关内容，历史教材中的内容原本分布在不同的单元中，通过重新架构被自然地整合在一起。上述设计在开始时是并重的学科关系。为此，历史教师亲自参与到项目的设计进程中，与语文教师一起备课。但是，在实施中，又变成以语文为主的学科项目，从评价和成果来看，以语文老师为主，成了主从型的定位。教师可以根据实际情况确定是并重型还是主从型，如果没有历史教师和自己搭档，那么选取主从型将会更适合，历史只是作为背景资料；如果有历史教师和自己组队，那么并重型跨学科学习将会带领学生学习理解得更深入。但不管学科比重如何，语文教师在跨学科学习中的目标，都是借助项目发展学生的语言能力，同时促进学生的整体发展。

（三）如何重新定位经过跨学科学习处理后的教材单元目标

根据上述内容可知，本案例同时涉及"跨学科学习"学习任务群和"文学阅读与创意表达"学习任务群，所以在目标确定的时候，要同时考虑这两个学习任务群。这样形成的目标与原来的单元目标是不一样的。这里的语文跨学科学习的目标是以本单元原有的语文学习目标、跨学科学习任务群学段目标及历史学科对应目标为基础的对三类目标的整合。

这一单元的五篇课文包括诗歌、小说、纪实文学、故事等文体形式。如何让文章内容真正触及学生心灵，将革命文化教育"润物细无声"地渗透到语文教学中，这是教师需要思考的关键问题。此外，本单元涉及不同文体，如何让学生在不同文体的阅读体验中发现文本结构方式和语言特点，并根据自己情感或观点表达的需要积极主动地学习相应学科知识，也是设计中需要思考的。

作为原单元教学目标之一的"学习并体会通过勾画整体和刻画局部写好场面描写的方法"，侧重在单元部分课文的教学，知识点和能力点呈单线型，训练的语文学科技能为单项训练。修改后的跨学科项目化学习目标为"尝试运用多种文学体裁，对所选材料进行创意表达，凸显场面描写与相应的历史真实性的融合"，将原单元教学目标融入基于特定历史场景运用多种文学体裁的创意表达中，不仅强调了这一单元的学习特点——阅读和学习反映各个时期中国革命文化的多种文学体裁作品，也可以在实践中凸显"场面描写"这一知识点。

综合上述对本单元人文主题和语文要素的分析，结合学情特点，为了达成学生"了解先烈们的英雄事迹，感受革命者的壮志豪情"和体会各类文体结构方式和语言特点的目的，并回到历史"现场"中感受点面结合的恢宏与细致的场景，本案例引入特定历史场景，以真实问题的解决为载体，进行以终为始的项目设计，帮助学生"进入"当时的历史情境，更好地了解并感受革命者的精神，同时也能为学生后续历史学习中"时空观念"和"历史解释"的培养种下种子，从而达到育人目的。

（四）如何处理单篇教学与项目逻辑之间的关系

在上述项目中，有两条线贯穿始终：一条线为以历史学科为载体的实践线，从创建历史展厅到布展，学生在教师和专业人士的指导下亲自完成整个活动流程的体验过程；另一条线为相对应的语文学科学习任务线。站在语文教师的立场，需要在项目中牢牢把握住语文这条主线，其难点在于处理单篇教学与项目逻辑之间的关系。有人认为，项目化学习中不需要单篇教学。其实并非如此，语文项目化学习中仍然需要进行单篇教学，并且单篇教学会贯穿整个项目，只是此处的单篇教学的功能、定位与原来有所不同，它们可以是项目的启动器、思维支架、写作资源，也可以起到与单元中的其他文章、课外阅读材料的对比作用。

如图7-3所示，以"历史的回声"这一单元为例，在双线的项目设计中能清晰地看到单篇教学的定位。

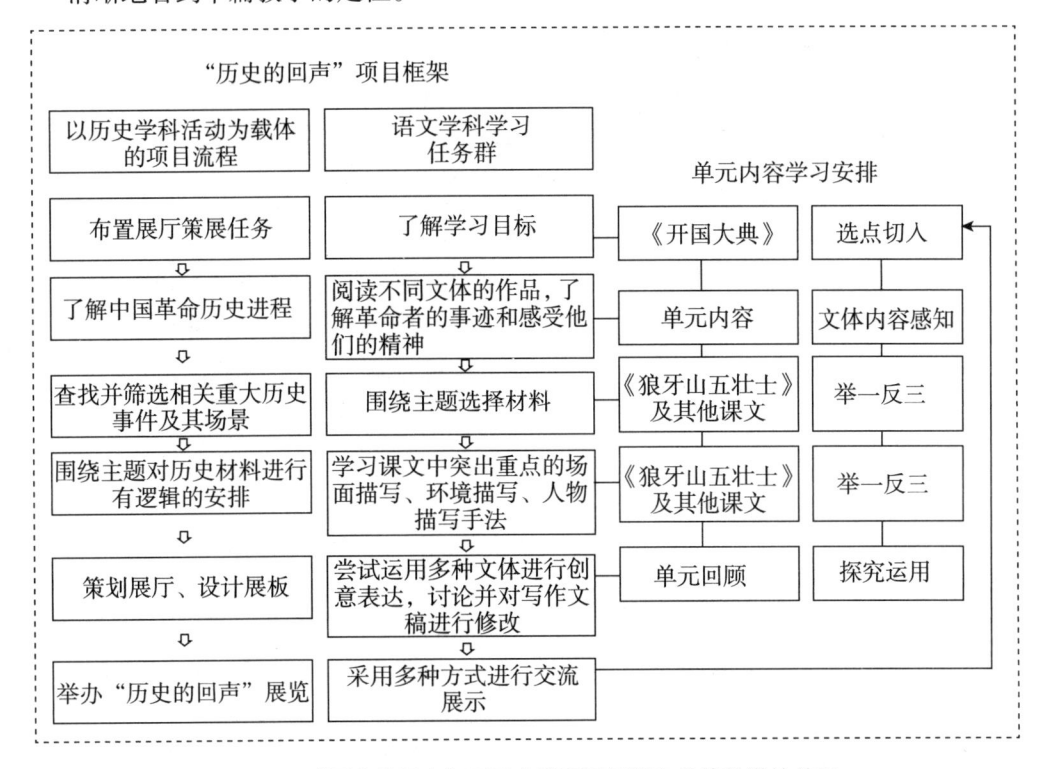

图7-3　"历史的回声"项目中的项目逻辑和单篇教学的关系

从图7-3可见，单篇教学在整个项目中至少起到了两个作用：

项目的启动器。《开国大典》一文触发了整个项目，具有指向本单元的人文主题的作用。这一单元所选课文都指向"了解先烈们的英雄事迹，感受革命者的壮志豪情"，对于学生而言，"了解先烈们的英雄事迹"并不难，而"感受革命者的壮志豪情"却如同一个"熟悉"的正确答案一样——知道但不能真切感受和理解。开国大典的盛况、人们的骄傲自豪之情，学生是一望而知的；为什么场面那么盛大、人们为什么那么激动，很多学生可以脱口而出。但人们激动、兴奋、自豪，甚至很多从四面八方、从老远的地方赶来的真正原因，学生很难真切体会。因而，本项目以《开国大典》的场面描写为切入点，不仅贯通了整个单元的语文线索，还能帮助学生梳理出一条历史发展的时间轴，使驱动性问题得以自然抛出。

项目的思维支架。在语文项目中，学生需要在教师的支持下完成挑战性任务，而教材中的单篇会起到支持学生举一反三的作用。以子问题3 "根据现有史料，如何围绕中心对特定历史场景进行内容完整、重点突出的表达"为例，这一问题所包含的语文学科知识点有"将事件写完整""场面描写""人物描写""环境描写"等，那么，本项目是怎么解决这个问题的呢？教师以《狼牙山五壮士》一课为学习支架，引导学生通过单篇的学习理解上述问题，然后再迁移到其他课文的学习和项目的解决中。

总之，语文的跨学科项目化学习不是对所有课文、所有知识点面面俱到地平均用力，而是在项目目标和驱动性问题的引领下，有重点地选择篇目，随着单篇课文的学习不断深入，单元内各部分内容在某种程度上融为一体，最终达到教、学、练整合的目的，有利于跨学科学习目标的实现。

第八章

数学跨学科学习：
"我们的十年"的三次迭代探索

要进行数学跨学科学习，可以借助众多的载体：问题、主题、项目等。相比较而言，小学低、中段用问题或主题更普遍，小学高段及初中用项目作为载体更适合。本章将先阐述数学课标中对跨学科主题学习的定位，然后重点介绍与"年、月、日"有关的数学跨学科学习的三次迭代过程，从中分析数学跨学科学习[①]的特征。

一、数学课程标准中的跨学科主题学习定位

《义务教育数学课程标准（2022年版）》中构建了数学核心素养与跨学科主题学习之间的关联。跨学科主题学习对形成学生的数学核心素养有重要的价值和意义。从数学核心素养的表述上看，其中明确地提出"跨学科"的有两个：一是抽象能力，主要是通过对现实世界中数量关系与空间形式的抽象，得到数学的研究对象，形成数学概念、性质、法则和方法的能力。这种能力的培养和发展需要学生在真实的问题、跨学科的问题中抽象出核心变量并用数学符号来表达。二是模型观念，主要是指对运用数学模型解决实际问题有清晰的认知，在带有陌生性和复杂性的跨学科情境中，模型观念的发展将会更带有实质性的意义。

《义务教育数学课程标准（2022年版）》在内容层面上落实跨学科主题学习的是"综合与实践"板块。在第一、第二学段，"综合与实践"采用主题式学习，目的是让学生感悟自然界和生活中的数学，在获取知识的同时培养兴趣。在第三学段，可适当采用项目式学习，而到了第四学段，课标中建议采用项目的学习方式，以培养学生综合运用所学知识和方法解决实际问题的能力为目标，设计情境真实、较为复杂的问题，引导学生综合运用数学学科和跨学科的知识与方法解决问题。在这样的项目中，学生需要感受数学与科学、技术、经济、金融、地理、艺术等学科领域的融合。根据课标中提出的主题建议，我们用表8-1对四个学段进行了归纳。

[①] 本章中，跨学科学习是学与教层面的概念，跨学科主题学习是内容概念。

表8-1　数学"综合与实践"板块推荐的主题和项目

第一学段 （主题活动）	第二学段 （主题活动）	第三学段 （主题活动与项目）	第四学段 （项目）
1. 数学游戏分享 2. 欢乐购物街 3. 时间在哪里 4. 我的教室 5. 身体上的尺子 6. 数学连环画	1. 年、月、日的秘密 2. 曹冲称象的故事 3. 寻找"宝藏" 4. 度量衡的故事	主题活动： 1. 如何表达具有相反意义的量 2. 校园平面图 3. 体育中的数学 项目： 1. 营养午餐 2. 水是生命之源	情境：社会生活、科学技术等 内容：方程与不等式、函数、图形的变化、图形与坐标、抽样与数据分析等 学习活动：从数学角度提出问题、分析问题、解决问题，用数学语言表达

数学课标中关于主题的建议并不是固化的，更强调核心目的是"通过综合运用数学和其他学科的知识与方法解决真实问题，着力培养学生的创新意识、实践能力、社会担当等综合品质"。

与以往相比，数学跨学科主题学习活动的变化体现在教学目标上。这一类的教学目标不仅是数学知识上的要求，更重要的是关注学生在活动中的"经验"和"情感态度"的发展，也就是说，要更关注整合性的、可迁移的目标。课标中用"欢乐购物街"作为例子：

原来的目标：认识人民币，能进行简单的单位换算

新增的目标：

　　　　积极投入模拟购物活动，能清晰表达和交流信息

　　　　会在真实或模拟的情境中合理使用人民币

　　　　能够反思并述说购物的过程

　　　　形成对货币多少的量感和初步的金融素养

从课标中呈现的案例来看，数学跨学科主题学习倡导和多个学科的"跨"，对此，我们的梳理如表8-2所示。

表8-2　数学课标推荐的跨学科学习的示例及其实施要点

所跨学科	主题/项目	实施要点
语文、美术	数学连环画	引导学生经历创作数学故事的过程，让学生自主决定故事的内容和表现形式，积累规划做事的经验，增强学习数学的兴趣
历史	度量衡的故事	引导学生查阅资料，了解常用计量单位的历史和发展，知道计量对于日常生活与生产实践的重要性，感悟计量单位由多元到统一、由粗略到精细的过程，培养科学精神
体育与健康	体育运动与心率	从体育运动的诸方面提出与健康或者安全有关的问题。例如：运动类型、运动时间与心率的关系；运动时间、性别与心率的关系；在有氧或无氧运动中，分析运动时间与心率的关系
地理、美术	绘制公园平面地图	为满足游客的个性化需求，公园常常需要提供不同主题的地图。这个素材可以作为跨学科主题学习的载体，让学生自主选择某一场景，如文化古迹、景观、建筑、古树分布、植物分布、定向越野、美食等，提炼相应的主题，综合运用数学、地理、美术等知识，绘制公园平面地图，创造性地完成活动任务

二、第一次：为跨而跨的多学科拼盘[①]

本案例所依托的教材单元是沪教版小学数学三年级上册第三单元"时间的初步认识（三）"。这一单元由三课时组成，分别为"年、月、日""平年与闰年""制作年历"。本单元属于数学课标中综合与实践领域的内容，以培养学生综合运用所学知识和方法解决问题的能力为目标，适宜开展以数学学科内容为主，运用并整合其他学科知识与方法的跨学科主题学习。

[①] 本案例来自上海市嘉定区紫荆小学。设计与实施：张亚萍、张茜、刘娟、丁佳慧。撰写：张亚萍、张茜。指导：夏雪梅。

时间是一个综合概念，不仅涉及对时间的量感理解，还包括与时间相关的计算。本案例的跨学科学习是以数学为核心的主从型跨学科学习，教师希望借此促进学生自主决策和时间管理能力的发展。

一开始教师们认为，数学跨学科学习活动不就是在数学课堂中渗透其他学科的知识吗？基于这样原初的认知，教师设计了第一稿"年、月、日"跨学科学习活动方案（见表8-3）。

表8-3 "年、月、日"设计方案第一稿

时间	学科	学习任务
第一周	科学	拓展科学常识，了解地球公转、自转等带来的变化
第二周	数学 道德与法治	计算这十年我度过了多少天； 组织开展让成长更有意义的主题班会
第三周	美术 语文	想象未来十年的生活，规划自己未来十年的生活； 绘制自己这十年来的成长足迹图

本次数学跨学科学习活动利用三周时间完成。第一周，学生在了解年、月、日的过程中学习自然学科的知识；第二周，学生计算时间的"长度"，体会时间的意义；第三周，学生制作成长足迹图，同时展开想象进行口语表达和作文。

围绕这一稿的设计，在深入交流后，教师们发现了以下一系列问题：

第二周的跨学科学习中各学科之间真的跨了吗？还是只是在一节课中做了两个学科的任务？

第一周和第三周的学习与数学之间的关系是什么？还是只是在这个大主题下用了一些其他学科的知识作为点缀？

"自己这十年来的成长足迹图"是一个真实的任务或成果吗？当我们向孩子们提出这个任务的时候，我们自己是否能够做出来？这样的成果对孩子来说有怎样的意义？

"计算这十年我度过了多少天"这类任务可以包含一部分的知识点，但是是否指向学生在时间这个单元中的关键理解？学生在计算中能感受和理解到什么？如何让学生的学习更有意义？

针对上述问题，团队成员当场开展了思维碰撞。教师们在仔细推敲任务的组成结构后发现，这些任务之间其实很少有学科的融合，学生只是在完成一个个单独的学习任务，而且这些学习任务比较浅显，目的不是很明确。比如，计算十年的天数这一活动只涉及计算，指向"年、月、日"数学核心概念理解的部分不全面，对于"平年与闰年""大月与小月"等之间的关系课堂中没有涉及；而主题班会基于让每个学生选取对自己有意义的一天开展，不容易让学生在集体中产生共鸣。

在讨论中，教师自己也试做了"成长足迹图"任务。在做的过程中，教师发现即使是成人，在没有支架的情况下，要完成对未来十年的想象也是很困难的。总体来说，本任务的设计没有站在现实的角度考虑学生的起点。教师对"成长足迹图"这一任务其实是不清晰的，足迹图到底是怎样的，应该包含哪些要素，怎样体现过去到未来的时间跨度……。结果，团队成员画出来的足迹图各不相同，有的是一根时间轴包含了设想的几件重大事件，有的是一幅幅图配上关于未来规划的一些文字，大家绞尽脑汁，困难重重，其中涉及的关于年、月、日的数学核心知识也很有限。如果连教师都不清楚成果具体的样子，那么学生就更不可能完成符合教师预期的成果。因此，以足迹图作为最后的成果确实有待斟酌。

总之，完成第一次设计时，教师对数学跨学科学习没有一个相对正确而完整的理解，没有抓住数学学科核心知识开展。庞大的主题下，涉及的数学知识太有限，跨学科学习体现的只是各学科知识的简单累加。可以说，本次的设计空有跨学科学习的"形"，缺少了跨学科学习的"神"。

三、第二次：基于数学学科立场的跨学科学习

数学团队成员基于数学的学科立场，再次学习、讨论、碰撞，针对应该如何用真实的问题引发跨学科学习进行设计、研讨、交流。教师们提出，每一届三年级学生都要举行少先队"我们十岁了"仪式典礼活动，因此可以和这次活动结合，一方面可以巩固学生对年、月、日的认识，另一方面又可以加强数学知识与现实生活的联系。由此，教师们又设计了第二稿。以"我十

岁了"仪式典礼活动策划为真实情境，增强数学味，设计了一系列的学习任务。

任务一围绕"这十年有多久？"支持学生进行阅读、信息提取和整理，了解年、月、日的来源。课堂中的任务是学生利用语文学科中儿歌的特点创编与年、月、日有关的儿歌，进一步关联"平年与闰年"和"大月与小月"的规律，计算十年内自己的睡觉、学习、运动等不同类型活动花费的大致时间，进而用估算的方式估计不同类型活动的时间分布，并用统计图的方式呈现出来，建立时间的量感。

课后任务是让学生用"时间轴"画出自己的十年足迹图，足迹图要求学生标出对自己来说重要的年、月、日的相关信息，引导学生在过程中感受时间的浩瀚与珍贵，同时在完成作品时融合美术学科的绘画方法。

任务二围绕"这一天有多重要？"促进学生对年、月、日知识的应用，在探索年历制作的过程中培养解决问题的能力。学生在完成课堂任务中通过小组合作推算历史上的重要一天。

任务三围绕"这一刻有多精彩？"让学生展开想象：十年后重回母校的"我十岁了"典礼，你最想和学弟学妹说什么？本任务所跨学科主要是语文和道德与法治。在策划"我十岁了"仪式典礼活动时，学生需要在小组中互相碰撞，最后策划出一份安排表，在这个过程中学生进一步学会了合理规划时间，而在时间的规划上，又进一步将"时、分、秒"渗透进去，引导学生做时间的主人。

重新调整之后，数学团队又和专家一起再次进行深入探讨。讨论中发现，这一稿设计体现了数学跨学科学习的特征，支持学生用数学的眼光看待和分析问题。但是，在具体的问题设计上还可以改进，还需要更多地站在学生视角上进行思考，比如：

> 在这十年中，我用来学习的时间大约有＿＿＿＿＿。你能用学过的数学图表，把这十年的时间分布放在一张统计图里吗？
> 通过对比，我发现＿＿＿＿＿＿＿＿＿＿＿＿＿＿＿＿＿＿＿＿＿＿＿＿＿。

1.上述任务存在以下几个问题：如果要求学生估算出不同类型的时间，如游戏玩耍、休息、学习等不同类型的时间，如何估算？怎样判断是否合理？对这样的挑战性任务学生将会出现不同水平的差异，如何给予相应的学习支架？这需要设计者站在学习者的视角来思考任务的目的和认知过程。

> 历史上的这一天发生了很多大事，你认为哪一件事更有价值呢？试着说出三个理由，小组交流并汇报。
> 我认为＿＿年＿＿月＿＿日发生的＿＿＿＿＿＿＿＿更有价值，因为
> （1）＿＿＿＿＿＿＿＿＿＿＿＿＿＿＿＿＿＿＿＿＿＿＿＿＿＿＿＿＿＿
> （2）＿＿＿＿＿＿＿＿＿＿＿＿＿＿＿＿＿＿＿＿＿＿＿＿＿＿＿＿＿＿
> （3）＿＿＿＿＿＿＿＿＿＿＿＿＿＿＿＿＿＿＿＿＿＿＿＿＿＿＿＿＿＿

2.上述活动中的历史推算，如果只是让学生说一说历史上的重要一天，学生可能只是通过网络搜索就可以完成任务，而缺少学生自己个性化的理解和表达。但是，如果是引导学生去找自己十年成长中重要的一天，再推算和重要历史事件之间的联系，就会更有意义。

3."请你动手制作十年后的年历"具有数学日期推理的意义，但是并没有真实的目的。为什么要让学生制作十年后的年历呢？电子年历上可以直接看到，这样的动手制作对学生来说没有真实的价值，而且太过遥远。

4.让学生说一说十年后会对学弟学妹说的话，三年级的学生对此缺乏实际经历和体验，语言可能会失之空泛。

四、第三次：整合学科立场和学生立场的跨学科学习

在第二次设计研讨交流中，数学团队的教师们强烈感受到了跨学科学习设计的每一个点、每个活动都要支持学生形成真实世界中感受、分析问题

的"数学眼光"。数学眼光是学生在不断运用知识解决问题进而又抽象回数学世界的过程中形成的。为此，跨学科学习要基于真实的问题情境，支持学生发现数学问题，并不断变化情境，支持学生完成抽象过程，让学生在真实活动中获得有意义的学习成长。在第二稿的基础上，数学团队又修改完善形成了数学跨学科学习活动方案"我们的十年"，并设计了四个任务（见表8-4）。

表8-4 "年、月、日"跨学科学习活动方案

主题	学习任务	所跨学科和内容
这十年有多久	任务一：探索年、月、日的知识，用时间轴绘制十年关键事件的足迹图	数学：年、月、日的认识 科学：年、月、日的形成 语文：关键事件的梳理
这一天有多重要	任务二：推算"重要的一天"的具体日期 任务三：制作2024年年历并进行一个月的任务试打卡	数学：打卡历 道德与法治：珍惜时间、制订规划 语文：口语交际
这一刻有多精彩	任务四：写出自己十年里最精彩的一刻，并策划"我们十岁了"仪式典礼总时长两小时的节目单	数学：时、分、秒 道德与法治：时间规划 语文：口语交际

上述任务不仅是为了引导学生学会关于年、月、日的知识，更是为了引导学生积极投入对年、月、日的计算和交流中，通过对时间轴的设计回顾自己的人生历程，能清晰表达和交流信息，能判断时间运用的合理性，能统筹和规划时间，能策划活动方案。

每一个任务都有助于支持学生从自身的数学、生活经验出发，去灵活调用不同学科的知识，进而回到对"年、月、日""时、分、秒"的感受上来，形成关于时间的量感，发现时间的价值。在这一稿中，最重要的是教师时时都要提醒自己站在学生的视角去考虑任务的设计。具体来说，应思考以下问题：对学生来说，可持久的、可迁移的目的是什么？学生将会怎么做？

他们的思维路径是什么？可能的难点是什么？做这个任务对他们有什么样的价值和意义？

为此，第三稿将前两稿的几个主要任务进行了调整：

1. 在"这一天有多重要"活动中，任务二由原来的讨论历史上最有价值的一件大事调整为推算自己成长中重要的一天。教师引导学生小组讨论推算典礼的具体日期，以此作为策略示范，让学生再迁移到推算自己和同伴重要的一天，学生自己回头去找自己成长十年中重要的一天，然后再将信息对接给同桌，同桌伙伴需要根据对方给出的信息，推算出对方重要的一天。学生需要提出观点、分析推理、给出证据，这样的来回推理很能引发学生的高阶思维、个性化的表达和良好的伙伴关系，同时也能调动学生主动的数学思考和活跃的课堂氛围。

2. 将"制作2024年年历"调整成"制作2024年打卡历"。为了给学生更多探索的空间和展示的舞台，教师鼓励学生选定一个小目标，比如"每天朗读5分钟""每天坚持看课外书20分钟"等，学生主动思考并计划，完成每月打卡活动且定期开展交流，并在最后的仪式典礼中展示。这样的任务设计，既贴合学生的学习内容，又体现出对学生能力的促进，并落实发展学生核心素养的要求，做到基于学生的学习和成长需求而教。如果教师想融入珍惜时间的意识、坚持去做一件有意义的事情等目标，并和明年的年历结合起来，那么可以让学生设定一个自己的学习或锻炼目标并制作打卡年历，将本活动和对学生坚毅、意志力的锻炼结合起来。

3. 将"十年后重回母校，你最想对学弟学妹说什么？"的任务改成了"写出自己十年里最精彩的一刻，并策划'我们十岁了'仪式典礼总时长两小时的节目单"，这就涉及对学生的时间把控能力的培养，相较于前一稿的设计，对学生来说更真实、合理。

五、分析：如何进行数学跨学科学习

上述第三稿设计是以主题为大的情境载体，进而通过一系列多样而具体的学习任务聚焦主题，最终实现跨学科学习的目的。该设计主要体现了学科视角的跨学科学习，立足于数学学科，试图融入学生视角，是主从型的设计，带有综合实践的性质，不需要遵循严格的项目逻辑。上述案例反映了教师在进行数学跨学科学习设计中从混沌到站在学科和学生视角来优化设计的迭代过程。

（一）数学中可以进行跨学科学习的主题是怎样的

年、月、日来自数学课程标准中明确罗列的主题，也是很多学校在进行数学跨学科学习或数学项目化学习时都会选择的内容。这可能是因为年、月、日和现实生活的关联比较紧密，也很容易与语文、科学、美术等学科建立关联。

课程标准中提出了很多可参考的主题，这些主题会体现生活化、情境化、实践化的特点。除此以外，我们还可以进一步拓宽思路，用本质问题的方法提出数学与其他学科关联的更本质、更具有迁移性的问题，如下所示（李健等，2022）：

数学如何影响文学作品的情节发展——需要学生用作者或作品中的角色身份，进行故事创作和数学题目的编写。

现代人如何使用古代数学知识——需要学生举例说明不同文明产生的数的表示或运算，描述古人、古代数学家如何运用数学来解决问题，描述古今使用数学的差异。

几何对象或知识如何影响艺术创作——需要学生举例说明如何以数学元素或对象进行艺术创作，学生要理解艺术创作的过程或机理，同时理解艺术创作中的数学问题，或基于数学元素进行艺术创作。

上述主题更具有本质性，区别于一般的偏向于内容的主题，更倾向于学科之间的根本性、思维性问题的探讨，更具有核心价值和意义。

（二）数学跨学科学习中的真实情境是怎样的

史宁中教授在解读2022年版数学课程标准时，建议数学教师要着眼于真实情境、跨学科的真实问题，用项目化学习的方式来丰富学生解决问题的形式。

从上文案例来看，对于数学中的真实情境需避免一些理解上的误区。数学中的真实情境并不仅是指安排一个现实活动，比如前文所说的十岁典礼。如果不能将数学的视角和眼光与这场活动建立实质性的关联，那就不能称之为"真实情境"。通过今年的开学典礼的日期信息推算自己曾经经历的开学典礼的日期，会需要学生的数学眼光，同时也具有迁移意义，因为学生在现实世界中也会遇到一系列类似的根据信息推算日期或数据的情况，这种推理更切中数学的本质。

数学中的真实情境也不仅是指让学生画画、说说，要考虑如何让学生进行真实的数学实践，形成的成果是要在真实情境中可以检测的，有质量标准的。让学生绘制十年足迹图，预想十年后要和学弟学妹说什么等，这些任务看上去好像很有创意，明显具有跨学科特色，但是只要教师自己试做一下，就会发现学生实际上画出的图、说的话，是无法判断好坏的，其中的数学学科实践也是很少的。

本案例中的三次迭代只是初步的探索，围绕时间我们还可以探索更多数学真实践的可能性，让"有意思"和"有意义"更好地结合起来，比如：

- 画出这一周中最开心的一天/一小时/一分钟、最不开心的一天/一小时/一分钟的时间轴，结合时间轴来谈谈同样的时间给我们的不同感受。
- 出示不同类型的人的一天的时间安排，如数学家陈景润、教师的一天时间安排，不同国家的学生的一日作息安排，让学生来评论并辩论这样的一天是否有价值。
- 记录自己一个周末的时间安排，描述自己认为的从有意义到无意义的事情的排序，讨论如何更好地规划将要到来的周末，并劝说爸爸妈妈按照自己的计划来度过周末。
- 设计学校的特殊节日，这一天学校的作息时间按照学生自己的时间规划来安排。学生完成时间规划后进行公开展示和交流，看谁的时间规划最合理且有趣，然后自己投票选出自己的时间规划师和时间规划方案。

第九章

英语跨学科学习：
"少年企业家"的创投计划

英语作为一门语言类学科，其真实的语料来自不同的学科领域，自然带有跨学科性。本章将先阐述英语课程标准中跨学科学习的定位，然后重点呈现"少年企业家"的创投计划（以下简称"少年企业家"）的设计和实施过程，从中分析当英语教师进入到自己比较陌生的领域后，应如何站在学科立场探索和支持学生的深度学习。

一、英语课程标准中的跨学科学习定位

英语课程标准中并没有像其他学科那样明确地提出跨学科学习任务群的说法，也没有明确划分出跨学科学习主题，这和英语课程标准的组织方式有关。2022年版英语课程标准中强调"以主题为引领选择和组织课程内容"，强调"英语课程内容的选择……紧密联系现实生活，体现时代特征，反映社会新发展、科技新成果"，英语的课程内容整体都是以主题或者跨学科主题来组织的，聚焦人与自我、人与社会、人与自然等三个主题范畴。这就意味着整个课程内容都体现跨学科主题的特征。

人与自我：主要包含生活与学习、做人与做事主题群。

人与社会：主要包含社会服务与人际沟通，文学、艺术与体育，历史、社会与文化，科学与技术主题群。

人与自然：主要包含自然生态、环境保护、灾害防范、宇宙探索主题群。

在各个主题群下又包含各子主题，如生活与学习中包含身边的事物与环境、时间管理、家庭与家庭生活等。

因此，在教学层面上，英语跨学科学习可以借助英语课程标准中的"主题"来开展。除了主题外，构成英语课程内容的核心要素还有语篇、语言知识、文化知识、语言技能、学习策略等。其中，语言知识、语言技能属于英语学科独有的内容，学习策略则具有一定的通用性，如其中涉及的元认知策略、交际策略、情感管理策略，还有搜索信息、管理时间、学会合作、主动提问、尊重文化差异、积极沟通、不怕犯错、调控情绪等都具有通用性能力的特征。但是，语言知识、语言技能、学习策略是在学习英语时被自然融入，都不适合作为英语跨学科学习的载体，而在进行英语跨学科学习时，

所使用到的语言知识、语言技能、学习策略等可能要比一般情况下更多样且复杂。

"语篇"与主题一样，也蕴含着可以进行跨学科学习的载体，因为语篇可以作为成果类型。课程标准中明确了语篇的不同类型，既包括连续性文本，如对话、访谈、记叙文、说明文、应用文、议论文、歌曲、歌谣、韵文等，也包含非连续性文本，如图表、网页、广告等，此外也可分为音频、视频、数码等模态。从这一点看，英语的语篇具有鲜明的跨学科特征。以课程标准中语篇类型内容要求的"三级水平"为例，要产生如程序或现象说明、宣传册、活动安排与计划、问卷、网络媒体、歌曲、诗歌、剧本、广告、天气预报、广播、电视、网络节目等语篇类型，学生必然要经历跨学科学习。

"文化知识"这一维度也带有跨学科的性质。文化知识的要求中包含饮食、服饰、建筑、交通、科学、历史、艺术等各个方面，以及社会规约、风俗习惯等方面的各类知识。以文化知识的"三级水平"为例，众多内容都带有鲜明的跨学科特征：

- 中外优秀科学家的主要贡献及其具有的人文精神和科学精神
- 中外餐桌礼仪、典型饮食及其文化寓意
- 不同文化背景下，人们关于生命安全与健康的态度和观念
- 不同文化背景下，人们的理财观念和方式及其带来的影响
- 中外大型体育赛事的项目名称、事实信息、历史发展、优秀人物及其传递的体育精神

……

从教学上说，英语课程标准中也提出要开展英语综合实践活动，这可能是最接近其他学科中的跨学科主题学习的表述，而这一部分的综合实践活动，从阐述上来看，使用的是"项目"这一载体。课标中提出，要"引导学生结合个人生活经验和社会生活需要，围绕特定主题，由真实问题或任务驱动，综合运用其他相关课程的知识自主开展项目学习，如与化学联合的'调查大气污染'，与道德与法治联合的'探析中华传统节日'，与历史、生物学等联合的'走进博物馆'，与地理联合的'家乡一日游'等"，需要学生在真实情境中用英语完成设计、计划、问题解决、决策、作品创作和成果交

流等一系列任务。学生也可以通过制作展板或海报、创编故事或表演等达到对主题的理解。

二、"少年企业家"的目标与设计要素[①]

近年来,"公益"成为一个热点话题。越来越多的国内企业积极参与到公益慈善事业中来,有的为灾区人民捐款,有的关注残障人士的就业,有的关爱动物……越来越多的成功企业家致力于促进企业建设水平提升,促进"员工发展"与"公益慈善"之间有温度的联结,把"公益"做成企业文化,持续推动解决社会问题。"如何通过创业来帮助他人?"是本次学习关注的一个核心问题,而对创业和公益的理解也体现了学生对这类社会主题的理解。

教师们决定从劝说文(Persuasive Article)写作的角度出发,以终为始,通过书本学习与实践相结合的方式,指导学生开展"少年企业家"创业项目,并帮助他们理解"创业"与"公益"的联结方式,学做一个有温度的少年企业家。

项目目标如下:

> **1. 英语学科素养**
> - 能在可视化思维工具(MIKD Chart)的辅助下提取重要信息,理解及概括复述文本内容,阐述自己对"创业"与"公益"的认识
> - 能设计并制作结构完整的商业计划书(a business plan)
> - 能清晰且有条理地向投资方介绍用"OREO 写作法"完成的商业计划书(O 代表 Opinion, R 代表 Reason, E 代表 Example, O 代表 Opinion again)
> - 能清晰且有条理地向潜在顾客用"OREO 写作法"口头推销自己的产品
> - 能运用所学语言,基于事实和具体信息,清晰且有条理地说服他人接受自己的观点

[①] 本案例来自上海市平和双语学校。设计与实施:张英。撰写:张英。指导:夏雪梅。

2. 学习素养

- 能主动参与讨论，在小组内发表自己的观点，耐心听取同伴的有效建议并最终形成集体的决策
- 能借助评价表对自己和他人的作品进行合理的评价
- 能通过思考和探究分析阻碍目标实现的困难和可以利用的资源，最终创造出不同的解决方案
- 能主动与同学开展合作学习，能清晰且有条理地讲述自己的解决方案

本项目的本质问题为：

如何通过劝说文写作让别人接受自己的观点？

如何通过创业来帮助他人？

驱动性问题为：

越来越多的人意识到公益的重要性并以各种不同的方式支持公益事业。德国创业家Matthias将在国内发起"少年企业家"创业项目，你该如何完成创业计划的英语演说稿，向Matthias推荐自己的项目以获取优化建议或梦想资金，并开展创业实践，筹集公益基金呢？

三、"少年企业家"的实施过程

作为一个跨学科项目，教师需要在实施过程中同时有三条逻辑主线：一是借助驱动性问题引导学生完成结构规范、内容完整的商业计划书及英语演说稿；二是在项目过程中支持学生的语言表达；三是指导学生开展创业实践。其中，主线一融合了商业与写作，商业为写作提供内容支撑；主线二为写作提供语言支持；主线三则让整个创业项目从"纸上谈兵"转化为"真枪实弹"。三条逻辑主线在整个项目推进的过程中关系密切，互为支撑；有时有先后，有时平行进行，有时又相互交融。项目流程如图9-1所示。

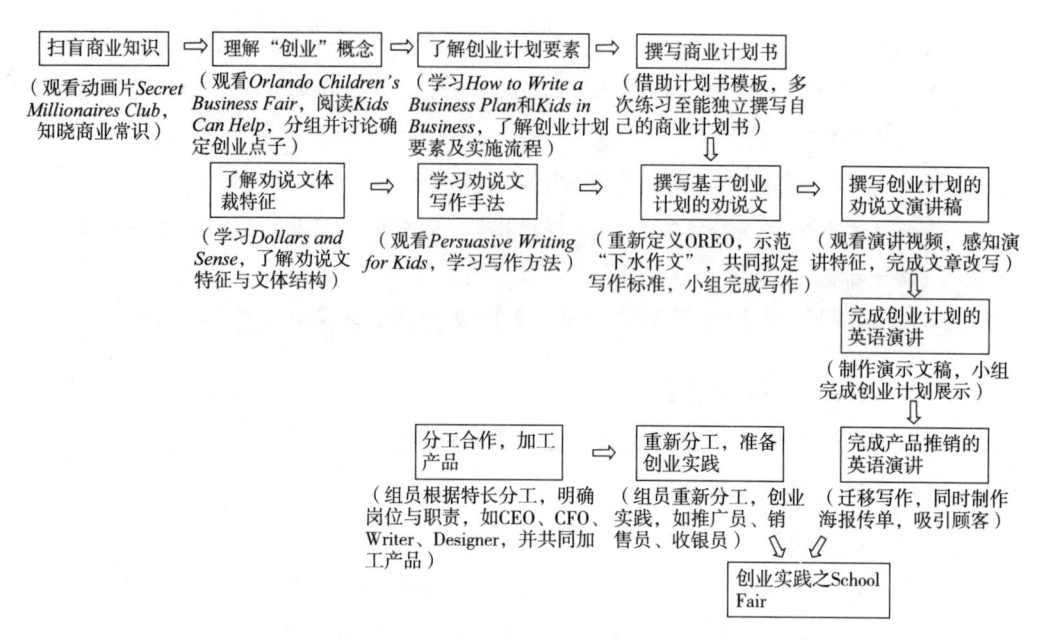

图9-1 "少年企业家"项目实施流程图

扫盲商业知识 ⇒ **理解"创业"概念** ⇒ **了解创业计划要素** ⇒ **撰写商业计划书**

（观看动画片 Secret Millionaires Club，知晓商业常识）（观看 Orlando Children's Business Fair，阅读 Kids Can Help，分组并讨论定创业点子）（学习 How to Write a Business Plan 和 Kids in Business，了解创业计划要素及实施流程）（借助计划书模板，多次练习至能独立撰写自己的商业计划书）

了解劝说文体裁特征 ⇒ **学习劝说文写作手法** ⇒ **撰写基于创业计划的劝说文** ⇒ **撰写创业计划的劝说文演讲稿** ⇒ **完成创业计划的英语演讲**

（学习 Dollars and Sense，了解劝说文特征与文体结构）（观看 Persuasive Writing for Kids，学习写作方法）（重新定义 OREO，示范"下水作文"，共同拟定写作标准，小组完成写作）（观看演讲视频，感知演讲特征，完成文章改写）（制作演示文稿，小组完成创业计划展示）

分工合作，加工产品 ⇒ **重新分工，准备创业实践** ⇒ **完成产品推销的英语演讲**

（组员根据特长分工，明确岗位与职责，如CEO、CFO、Writer、Designer，并共同加工产品）（组员重新分工，创业实践，如推广员、销售员、收银员）（迁移写作，同时制作海报传单，吸引顾客）

创业实践之School Fair

（一）运用多种事件入项

1. 让学生观看商业动画片进行商业知识自我储备

学生课余观看系列英文原版动画片，了解商业选址（location）、广告设计（advertising）、商业计划（plan）等商业关键词和相关的商业思维。如：换位思考理解顾客需求；培养责任感；学会和别人合作共赢；注重信誉；通过不断学习来更多地了解顾客、竞争对手以及不断变化的市场，从而保持持续的竞争力。

2. 挖掘学生中的"创业先锋"，用学生影响学生

学生中也不乏"先行者"，在本次项目化学习启动前的暑假，有一对双胞胎学生正好体验了卖凉粉的创业历程，他们经历挫折和失败后，总结经验，不断开发新口味并且调整经营策略，终于赚到了人生第一桶金。更为难得的是，他们用镜头把整个创业的过程记录了下来。学生们通过观看他们的创业视频不仅能直观地观摩创业的各个环节，也提升了少年创业成功的信心。

3. 通过真实现象引入公益和创业的驱动性问题

学生在入项中观看两组对比强烈的照片，一组是班级学生的生活日常，另一组是贫困地区学生窘困的生活状态。在强烈的视觉对比冲击之下，学生对贫困学生的同情之心油然而生，他们在驱动性问题的引导下，积极讨论贫困学生的需求以及如何向他们提供帮助。真实的照片将"贫困学生"从冷冰冰的文字具化为一个个同龄却拥有截然不同生活的生命个体，帮助学生建立与贫困学生之间的情感联结，并将其转化为帮助他人的使命感，进而激发学生开展项目化学习的动力。

学生基于自己的生活经验，提出了诸如捐衣捐书、用压岁钱结对资助贫困学生上学的解决方案。而在观看了书中人物之一Blake Mycoskie的采访视频后，他们了解到原来还可以通过创业来做公益，并理解了创业的含义——通过买卖商品或提供服务的方式来赚钱。那么，我们是否也可以通过创业来做公益呢？此时引入了发布驱动性问题的视频，德国创业家Matthias发出了"少年企业家"创业项目活动的邀请。

（二）头脑风暴，理解驱动性问题，确定问题任务链

学生们观看了Matthias"少年企业家"创业项目的活动倡议视频后，热血沸腾，跃跃欲试，当然也有学生冷静下来后觉得创业有难度。

创业需要激情，更需要头脑和方法。教师首先引导学生提炼Matthias视频中提到的两项任务：一是撰写商业计划书，二是开展创业实践来筹集公益基金；然后请他们开展头脑风暴，讨论完成上述任务可能遇到的困难或需要澄清的疑虑。

学生罗列的困难和存疑整理如下：

1. What is a business plan? How to write a business plan?
   （商业计划书是什么？应该怎么写？）
2. What kind of business is good for kids? Will you show us an example?
   （小孩子适合做什么样的创业项目？是不是可以给个案例参考？）
3. How can we run a business well and make money?
   （我们怎样做才能创业顺利并赚到钱呢？）

4. Do we need to give a presentation to Matthias? Do we need to use Powerpoint?

（我们需要以演示的形式把商业计划书讲给 Matthias 听吗？需要做 PPT 吗？）

5. Where can we get the money to start our business? Matthias said that there would be the dream fund for the program in the video. Does that mean if we write the business plan well, then we can win it?

（创业的资金从哪里来？Matthias 视频中提到有作为奖励的梦想基金，是谁的商业计划书写得好谁就可以得到梦想基金吗？）

6. Where will we sell? Who will be our customers?

（我们在哪里卖东西？谁会是我们的顾客？）

7. How can we help the people in need? Do we need to donate all the money we made or we just sell one, and give one?

（我们怎么做公益？需要把赚的钱都捐掉吗？还是卖掉一样商品，就把同样的一份送给有需要的人？）

可以看出，学生们对于创业还是比较陌生的。他们对于商业计划书没有概念，不知道该如何向主办方介绍商业计划，不清楚孩子可以做哪些方面的创业项目，对于"创业"和"公益"的关系也不甚了解。但他们对于创业的细节很感兴趣，关心如何获取启动资金，关心如何才能赚到钱……

在教师的引导梳理下，学生们最终明确了驱动性问题，并初步形成了问题—成果分解表（见表9-1）。

表9-1 "少年企业家"项目的问题—成果分解表

驱动性问题	越来越多的人意识到公益的重要性并以各种不同的方式支持公益事业。德国创业家 Matthias 将在国内发起"少年企业家"创业项目，你该如何完成创业计划的英语演说稿，向 Matthias 推荐自己的项目以获取优化建议或梦想资金，并开展创业实践，筹集公益基金呢？	预期总成果	• 用"OREO 写作法"完成创业计划的英语演说稿及演讲视频 • 用"OREO 写作法"完成自己创业经历的劝说文写作 • 创业实践
子问题 1	"公益"和"创业"是如何联结在一起的？	子成果 1	用劝说文提炼"公益"与"创业"两种联结方式的概述

续表

子问题2	如果你要通过创业筹集公益基金,该如何完成一份商业计划书?	子成果2	商业计划书
子问题3	如何清晰且有条理地向投资方介绍创业计划?	子成果3	用"OREO写作法"完成创业计划书的英语演说稿及演讲视频
子问题4	如何清晰且有条理地向潜在顾客推销自己的产品?	子成果4	● 用"OREO写作法"完成推销产品的劝说文写作及海报 ● 创业实践

(三) 子问题1:"公益"和"创业"是如何联结在一起的?

"公益"和"创业"对学生而言是完全陌生的两个概念,虽然通过观看教师推荐的动画片,学生对一些商业概念有了基本了解,但他们并不清楚适合孩子的创业项目可以有哪些,对于"创业"如何与"公益"挂钩也缺乏认知。因此,教师使用了以下资源,如表9-2所示。

表9-2 "少年企业家"项目使用的相关资源

材料名称	主要内容	使用目的	对标学生提出的问题
视频1: *Orlando Children's Business Fair*	一年一度的 *Orlando Children's Business Fair* 旨在鼓励孩子开展创业实践,激发他们的创业热情。视频记录了2022年活动现场,内容包括"少年创业家"的项目介绍、琳琅满目的商品展示、真实的售卖过程以及对家长和顾客的采访	通过直观形象的方式帮助学生理解"创业"的含义,为学生创业项目的选择打开思路。同时,因为项目出项将采用类似的School Fair的形式,可以帮助学生了解成果的呈现形式	问题2、问题3

续表

材料名称	主要内容	使用目的	对标学生提出的问题
视频 2：TV News	新闻介绍了三个 7 岁女孩的故事。她们听说警察 Eugene Potas 在执勤时遭受枪击受伤住院后，决定帮助他。她们通过摆摊卖柠檬水和烘焙糕点筹集资金，最终超额完成筹款目标	用真实的案例让学生初步了解"创业"和"公益"联结的一种方式	问题5、问题6、问题7
阅读：Kids Can Help	文章提出孩子和大人一样可以为社区提供帮助，譬如：发现社区的需求，同时列举了孩子创业筹集公益基金的几种不同方式	让学生相信孩子与大人一样有能力帮助他人，并了解更多的儿童创业方式，以及"创业"与"公益"的联结方式	问题5、问题6、问题7

　　主文本为 *Dollars and Sense*，拓展阅读文本为 *Kids in Business, Kids Can Help* 和 *How to Write a Business Plan*。其中，前三篇的体裁为劝说文，第四篇为说明文。*Dollars and Sense* 的作者提出"创业"与"公益"同样重要，并通过两个成功的商业案例介绍了两者联结的不同模式：（1）Mycoskie的TOMS公司采用"买一捐一""购买即捐赠"的经营模式；（2）Hard Rock Café采用"捐赠部分利润"的传统模式。

　　通过以上内容的学习，学生明确了"创业"和"公益"的概念，初步了解了两者联结的方式，并通过头脑风暴与梳理总结，提炼了关于创业的要点：

- You need a big idea!
- You have to know who your customers will be.
- You have to count the costs and profits.
- Start making your products.
- Run your business and make money!

同时，他们也初步讨论了自己想创业的内容，并完成了自由组队。

接下来，学生进入英语主文本的学习。他们在完成对劝说型文本的深度学习过程中更深入地理解企业经营和公益之间的关系，并借助MIKD Chart梳理文本结构，提炼重要信息，概述"公益"和"创业"联结的两种不同方式。"语言核心知识与技能的学习"和"文本主题意义的深度理解"两条主线贯穿于整个学习过程，前者是后者的"门槛"，而后者则是对前者学习效果的检验，因为学生只有在深度解读文本结构和内容的基础上才可能真正理解文本的主题意义。

本项目的最终成果为劝说文写作，而熟知体裁特征是阅读理解与写作的基础。教师先让学生通过共读封面和观看视频初步了解劝说文的特征：

A persuasive article

- is **nonfiction**.
- states the writer's **opinion** on a topic.
- provides **facts** and **examples**.
- may include **text features** such as **headings** and **graphs**.

然后学生带着问题开始文本学习"为什么*Dollars and Sense*是一篇劝说文？"，并引用文中内容加以说明。学生通过梳理信息，分析作者的写作意图与方法后发现，劝说文一般由三部分组成：开头段点明观点，主体部分用证据支持自己的观点，结尾段重申观点或呼吁行动。学生通过文本学习熟悉劝说文的结构，有助于后续使用"OREO写作法"完成写作。

在引导学生学习文本的过程中，教师先后三次使用了两种不同的MIKD Chart。在学生初读全文时，教师使用了"阅读金字塔"（见图9-2），帮助学生梳理文本框架。学生借助"阅读小贴士"，在开头段找寻作者观点，在结尾段找寻结论，又利用小标题确定文本主体，从而梳理文本框架。

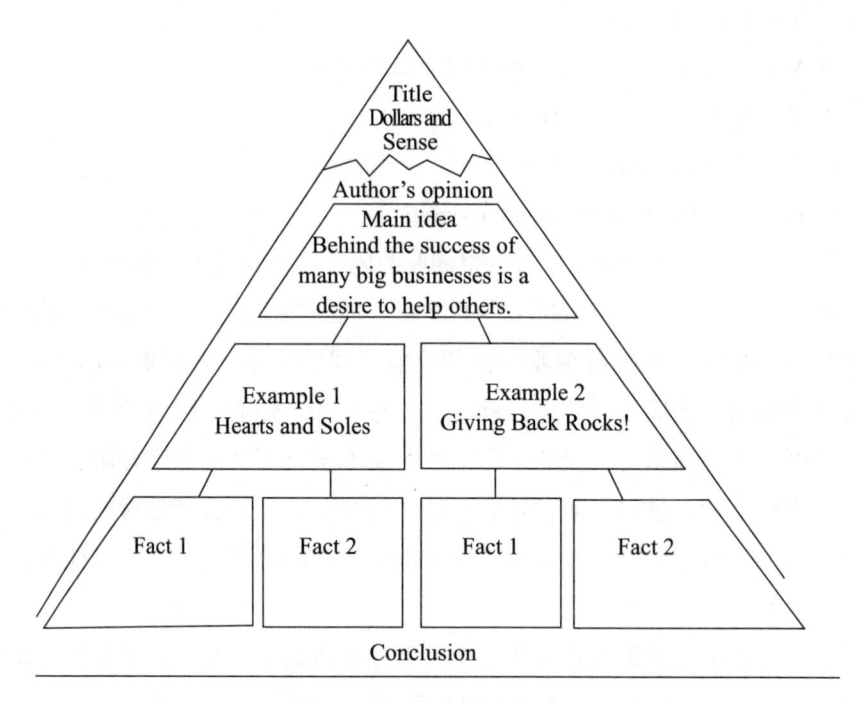

```
                    Title
                 Dollars and
                    Sense
              Author's opinion
                 Main idea
           Behind the success of
          many big businesses is a
           desire to help others.

        Example 1              Example 2
      Hearts and Soles      Giving Back Rocks!

    Fact 1    Fact 2      Fact 1    Fact 2

                  Conclusion
```

图9-2　阅读金字塔

后续在学习具体案例时，教师又使用了条块式的MIKD Chart，来帮助学生梳理两个成功案例的主要内容和具体细节。

在学习Hard Rock Café的创业案例时，学生在驱动性问题的引导下解读文本内容，提炼重要信息，并借助序词，提炼Hard Rock Café的经营模式。

> First, musicians design the art for the T-shirts. Then, the T-shirts are sold on the Internet. Finally, part of the money is given to charity.

经营模式的提炼不仅培养了学生提炼重要信息的能力、用序词组织语言的能力，提炼出来不同于Mycoskie的经营模式也便于引导学生比较两者的不同，思考"公益"与"创业"联结的多种方式。

学生经过讨论，认为Hard Rock Café在风险控制方面做得比较好。他们只把利润中的一部分用于慈善，是为了能更持久地做慈善。剩下的利润一部分用来支付成本，而另一部分则用来购买更多的原材料，继续下一次创业。

Mycoskie创立TOMS公司的初衷是回馈社会,他提出的"买一捐一""购买即捐赠"的创新模式也确实风靡一时,同时帮助到了很多阿根廷孩子,但随着竞争对手竞相模仿,TOMS的销售量下滑,并于2019年年末被移交给了债权人以获取债务减免。

如果孩子们知道了TOMS的现状,对于"公益"和"创业"孰轻孰重是否又会有新的理解呢?或者,TOMS的沉浮对于他们开展创业项目是否有所启发呢?

为此,结束文本学习后,教师补充介绍了TOMS深陷债务危机的现状,并提出了两个问题:

1. 为什么TOMS会面临破产的窘境?

2. 如果你是Mycoskie的智囊团成员,在TOMS经营困难的时候,你会给出什么建议?

学生们的回答如下:

对于问题1:

Eason: Mycoskie did not balance well between the bottom line and helping others, so TOMS can not make profits. And then TOMS can not keep running its business.(Mycoskie没有平衡好创业盈利和帮助他人,导致TOMS没有产出利润,所以公司没办法经营下去。)

Claire: I think TOMS always thinks about helping the poor children in need first, but didn't remember making his own money to help others. And I learned that when we do our business, we should first earn money, and then we have the money to donate.(我认为TOMS只想着帮助穷苦的孩子,但忘记了只有赚到钱才有能力帮助他人。我从中学到了当我们创业的时候,首先要想办法赚到钱,然后才有钱去做慈善。)

Jewell: I think that's because of the One-for-One program. It's like TOMS always sells the slip-on shoes. The shoes are not as fancy or beautiful as others. However, they are more expensive than others because when you buy one pair of shoes, TOMS gives away one pair to the poor kids. As a result, fewer and fewer people will buy the shoes.(我认为TOMS之所以无法经营下去就是因为他的

"买一捐一"的经营模式。TOMS卖的是阿根廷人传统的鞋子，并不好看。但鞋的售价要比其他商家贵，因为当顾客买了一双鞋，他就会捐出一双鞋，成本比较高。因为鞋子不好看又贵，所以顾客就越来越少了。）

对于问题2：

Russell: Maybe some people don't know that TOMS shoes are expensive because the company is doing charity. Maybe TOMS can make a poster to tell the customers. TOMS can put some photos of the poor kids they helped. If I know that I can help others by buying shoes, even the shoes are expensive, I will still buy them.（也许有些人并不知道TOMS的鞋子贵是因为他们同时在做公益。TOMS可以通过海报的方式告诉顾客，可以放上一些受助孩子的照片。如果我知道我买鞋子的同时是在帮助别人，那么就算鞋子贵，我还是会买的。）

Jewell: I think that TOMS can sell different kinds of shoes. Customers like beautiful, fancy shoes. TOMS can sell the fancy shoes to customers at a high price, and donate a normal slip-on shoes to others. In this way, TOMS can make more profits.（我想TOMS可以销售不同种类的鞋子。顾客一般都喜欢漂亮的鞋子。漂亮的鞋子售价可以高一点，当顾客买了一双漂亮的鞋，TOMS可以捐赠出去一双基础款的鞋。基础款的成本比较低，这样，TOMS可以有更多的盈利。）

Mia: Maybe TOMS can change One-for-One program to Two-for-One program, and then TOMS can reduce the cost.（也许TOMS可以把"买一捐一"改成"买二捐一"，这样它的成本就可以低一点。）

从学生发言可以看出，他们已经敏锐地发现"买一捐一"模式在成本控制方面存在的问题，并想到了要降低成本、扩大利润，如：卖掉一双高价鞋，捐出一双平价鞋；买二捐一；直接捐赠部分利润；等等。不得不赞叹学生们敏锐的洞察力和深度的思考力，因为TOMS后期的策略调整与他们的想法惊人地一致：TOMS扩大了产品线，并于2019年11月宣布改进它的"买一捐一"模式，改为每挣三美元就捐赠一美元。

经过这次讨论，学生们重新思考了"公益"和"创业"的关系，两者真的如作者所言同等重要吗？学生们形成的新理解是："公益"和"创业"都很重要，但你必须先让企业盈利，企业才有钱去帮助他人。这样基于文本的后续讨论非常重要，不仅能促进学生对于"公益"和"创业"关系的深度解读，更能指导学生后续的自主创业。创业的目的是做公益，而唯有盈利才能让企业具备做公益的能力。

（四）子问题2：如果你要通过创业筹集公益基金，该如何完成一份商业计划书？

学写商业计划书是创业实践的第一步，也是后续用"OREO写作法"完成创业计划的劝说文演讲稿的基础。但是书上文本没有相关内容，因此，教师补充了学习资料（见表9-3）。

表9-3　商业计划书

材料名称	主要内容	使用目的	作业设计
视频及阅读材料：How to Write a Business Plan	小女孩Jane卖柠檬水遭遇"滑铁卢"，朋友教她写Dog Wash的商业计划书	学生初步了解商业计划书的结构和内容	课后上网查询Dog Wash所需材料的价格，并用商业计划书模板1独立完成有关Dog Wash的商业计划书
商业计划书模板1	介绍了商业计划书的定义和意义，并聚焦idea、marketing、finances、prices和profits五部分，以问答的方式阐述上述概念	以Dog Wash的视频资料为例，借助商业计划书模板1，对号入座，帮助学生比较直观地理解如何制订商业计划书	

续表

材料名称	主要内容	使用目的	作业设计
教师创业案例	介绍了教师们的创业计划 Christmas Bouquets，尤其对 break even 和 bottom line 进行了补充解读	以教师们的创业计划为例，帮助学生复习制订计划须知，尤其是成本控制以及最低利润设定方面	结合课上讨论，确定创业主题，并以小组为单位，完成小组的商业计划书

为了让学生理解怎样写出一份商业计划书，教师以Dog Wash作为策略模型，通过问答、讨论、分享等方式帮助学生深入理解各要素内容，把案例内容与计划书模板结构一一匹配。在讲到finances、prices和profits这些比较专业、较难理解的财务知识时，教师带着学生现场上网查询Dog Wash所需设备和用品的价格，演示启动经费的计算过程；并通过估算固定设备的折旧率以及平摊到洗一只狗所要耗费的用品用量，计算出洗一只狗的成本；然后在这基础上，进行合理定价并计算利润。学生始终动态地参与创业计划每一部分的解读过程，从而对商业计划各要素进行比较形象直观的了解。同时，现场上网查询所需物品价格的演示过程也让学生明白了如何通过网络查询信息。

等学生们对商业计划要素有了一定了解后，教师呈现商业计划书写作模板，与学生共同完成计划书范例，然后学生当天独立完成有关Dog Wash的商业计划书。这个作业给了学生很多自我创造的空间，所以，虽然都是有关Dog Wash的商业计划书，但每个学生提交上来的作业都是不一样的。有的学生把摊位设定在小区里面，他想到了给邻居发宣传单和第一单打九折的促销手段；有的学生把摊位设在学校附近，他提出可以在校门口放一张海报，并让妹妹帮忙在她班级发宣传单。在做启动资金预算时，有的学生打算长期经营，所以选购澡盆时选用了质量好、价格相对比较贵的，但因为质量好损耗小，平摊到每次洗狗的成本反倒比较低；也有同学家里养宠物，对于Dog Wash比较熟悉，他在设定价格时针对大型犬、中型犬和小型犬分别设置了三种不同的价格……

经过这次练习，学生进一步以小组为单位展开讨论并确定了创业主题与步骤，完成了他们自己的商业计划书。从图9-3可见，学生通过两次"戴着镣铐跳舞"的写作，熟知了商业计划要素和结构，并且已经能够自由创作，能比较规范地撰写自己创业项目的商业计划书了。

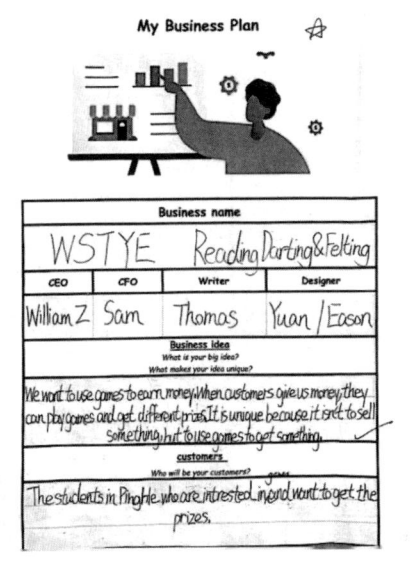

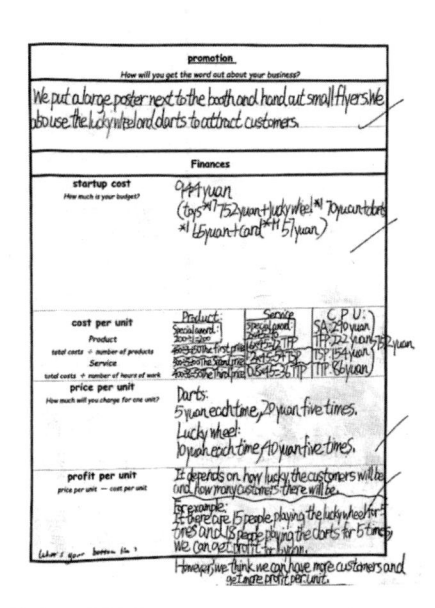

图9-3　学生完成的商业计划书

（五）子问题3：如何清晰且有条理地向投资方介绍创业计划？

创业计划英语演说稿的主体部分由商业计划书的内容构成，但演说稿的体裁是一篇劝说文，写作目的是让活动组织方确信商业计划的投资价值和盈利前景。劝说文是观点写作的一种体裁，为此，教师引入了OREO写作法"（见图9-4），允许学生使用多种信息来支持自己的观点和理由，这样不仅能大幅度地保留原有商业计划的内容，也能让他们的劝说文更具有说服力。

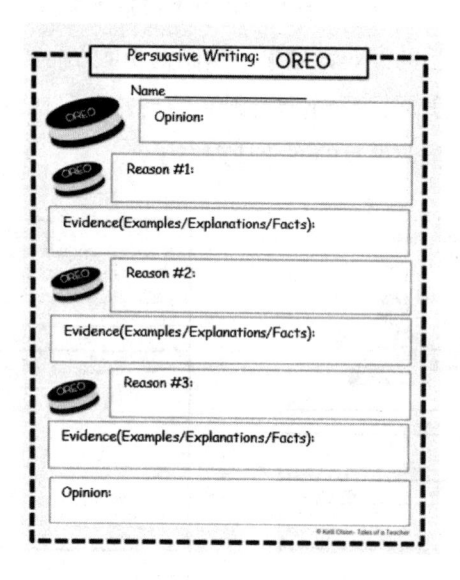

图9-4 OREO写作法

在商业计划的基础上用"OREO写作法"写劝说文，应该有哪些改动，又该如何改动？学生毕竟只是四年级，英语能力有限，因此，教师决定写下水作文，并通过引导学生分析下水作文的结构和写作手法，充分理解重新定义的"OREO写作法"的含义。

下水作文选用了大家熟悉的Dog Wash案例为写作原材料，严格遵循OREO的结构，并示范了用表格来佐证的方法。下水作文中也关注了连接词的使用，如表示列举的first、second、third、last but not least；表示解释说明的for example；表示因果的therefore；表示增补的also；表示递进的besides；表示总结的as you can see等，给学生做了很好的示范。

当然，下水作文也综合了整个项目化学习过程中的拓展学习资料，如把location作为创业计划的优势之一，又如在结尾中创新使用了动画片中巴菲特的金句"The more you invest us, the more we will earn together, and then the more people we will able to help."

优秀的下水作文为学生的写作学习奠定了基础，而指导学生品读范文、分析文章结构和写作手法能让学生清楚地了解从"计划"到"劝说文"的转变过程，并最终共同拟定优秀劝说文的标准，然后转化成如表9-4所示的写作核查清单。

表9-4 写作核查清单

Questions	Yes	No
1. Did I state my opinion clearly at the introduction paragraph?	☐	☐
2. Does my writing include opinion- reason-evidence-opinion?	☐	☐
3. Does the evidence support my opinion and reason well?	☐	☐
4. Have I written down at least 3 reasons?	☐	☐
5. Did I use at least 3 kinds of evidence to support my reason?	☐	☐
6. Did I use the transition words properly?	☐	☐
7. Did I write correct sentences?	☐	☐

写作核查清单在学生写作过程中发挥了重要作用。写作前，它引导学生谋篇布局，确定写作内容和结构；写作后，它又是学生自检自查的工具。当然，它也是同伴互批和教师批改的标准。

从OREO版本到演说稿版本，文章的变化可大可小，简单一点的直接在开头加上Greeting和团队成员介绍，结尾加上呼应行动的内容即可；复杂一点的可以增添个性化设计。William小组为了让自己的展示更具观赏性和竞争力，增加了不少特色内容，如：小组logo和slogan设计、活动介绍、精美奖品展示等。

（六）子问题4：*如何清晰且有条理地向潜在顾客推销自己的产品？*

本项目最后要举办School Fair的创业实践，学生需要向潜在顾客推销自己的产品，他们需要再次使用"OREO写作法"推销商品，这也是学生对劝说文写作在新情境中的再尝试。

前后两次写作任务的结构和方法类似，但因为目的和对象不同，因此写作风格和内容需要做相应调整。如：目的是推销产品，因此内容要调整为对产品特色的介绍；面对的对象是顾客，所以写作风格不用像介绍商业计划那样正式，可以更为轻松活泼，如在开头可以增加hook question来吸引顾客的注意和认同等。

有了第一次劝说文写作的基础，学生只需要把之前的写作手法迁移使用到新的写作任务中即可。

　　为了更好地招揽顾客，学生还要根据第二篇劝说文的内容制作相关宣传海报或传单。教师引导学生事先进行了海报制作的相关学习，让学生了解海报的作用是突出商品特色、促销手段、价格信息等以吸引顾客。部分学生的海报作品见图9-5。

图9-5　部分学生完成的海报作品

　　本来小组成员的信息并不需要在海报中展示，但几乎所有小组都把组员的照片设计在海报中，而且大多是手持商品的照片。这说明孩子们非常乐于展示自己，这种强烈的参与感让教师们感动不已。

（七）出项阶段

　　出项分为两个阶段：第一阶段为用"OREO写作法"介绍商业计划书的演讲视频；第二阶段为举办一个School Fair的创业实践。

　　为了顺利出项，项目组做了细致的出项安排与准备，原有的小组分工根据创业实践的需求重新进行了调整，设计了三个不同的岗位，并明确了相应的职责（见表9-5）。

表9-5 School Fair的岗位分工

岗位名称	职责
推广员（1—2名）	负责用英语介绍创业项目并推销商品
销售员（2名）	负责售卖商品并把货款交给收银员清点
收银员（1名）	负责清点货款并将货款放入收银箱，结束后清点款项总额，扣除成本，计算盈利

外教老师及其外国友人、全校的英语老师以及项目组的专家老师都参与了现场互动。School Fair当天，小组成员各司其职。如果你对项目本身感兴趣，推广员会用流利的英文介绍创业计划及创业过程；如果你是个购物达人，推广员会热情地介绍商品特色及制作过程，宣传自己的"企业文化"。小组中的销售员更是动足了小脑筋，使出浑身解数来招揽顾客，有的四处散发商品传单，有的推出"买一赠一""第一次免费"或"免费小礼品"的促销活动，有的拿来可爱的萌宠小白兔来招揽生意，还有的制作了大大的流动广告牌，等等。收银员是小组的"财神爷"，他们各个表情严肃，接收货款一丝不苟；活动结束后又麻利地清点款项、扣除成本与事先预备的零钱，计算盈利。本次创业实践获得了巨大的成功，整个年级共创收1.4万余元。

当然，小组与小组之间的创收也存在较大差异，譬如：创收最高的小组盈利1367元，而有的小组甚至连成本都无法覆盖；也有小组虽营业额很高，但成本也很高，如之前提到的William小组，他们设计了多种营销活动，如散发传单、第一次免费、玩五送一、免费自制饼干、设置各类丰厚的奖品等，因此该组广受青睐，门庭若市。他们的营业额高达2300多元，但因为奖品的成本比较高，另外，制作易拉宝广告牌价格昂贵，游戏的难度设置又比较低，结果纯利润只有415元。

活动结束后，学生们也进行了简单的复盘，他们回顾了自己的创业之路，反思了本小组的得失，还观察分析了其他小组创收的原因。例如：他们观察到有一个小组带来了一只呆萌的宠物兔子，不仅招揽了很多客流，后续临时增加的"5元钱享1分钟撸兔体验"更是一本万利的好生意。他们意识到在设计营销活动时，可以多想出一些创新小点子。

他们发现盈利1367元的小组，他们的产品都是孩子比较喜欢的小玩意儿，如各式挤压小球、水气球、史莱姆球等，成本很低却要价每个20元，所以他们小组赚得盆满钵满。他们得出的结论是顾客定位非常重要，一定要在前期做好准确的市场调研，迎合顾客需求，设计制作他们喜欢的商品。

通过整个项目的学习，学生们了解了"公益"与"创业"联结的多种方式，并选择了捐赠盈利的方法。教师还引导学生对筹集得来的公益基金的用途做了一定的规划，经过讨论，最终选用团队项目与个人项目相结合的方式，如：年级组通过学校联系了"上海EJ流浪猫狗救助站"，届时将捐赠部分基金用于救助小动物；学生自己也策划做公益的活动，如为民工子弟学校购买运动器材等。

四、评价学生的语言实践与创业意识

在完成这样的项目化学习后，需要评价学生在语言实践与创业意识等方面的发展。

（一）用过程性写作评价学生的语言实践

在本次项目化学习中，学生先后尝试了四次写作任务：商业计划书、基于创业计划的劝说文、基于劝说文的演讲稿、以顾客为写作对象的产品推销劝说文。除了初次尝试商业计划书时为个人写作外，其余都以小组为单位完成。为确保写作质量，教师设计了一系列写作教学活动给予学生语言和内容上的支持，还设计了两种商业计划书模板和写作检查清单。同时，注重过程性写作，这些文章从构思到完稿都经历了一系列的打磨，通常有以下五个步骤。

准备（prewrite）→ 起草（write）→ 修改（revise）→ 修订（edit）→ 发表（publish）

修改阶段重点改进初稿的谋篇布局，修订阶段重点检查语言运用是否正确，包括语法、拼写和标点等。一般而言，写作检查清单里包含对主题和结构的检查。因此，学生在教师指导下，能完成写作过程的前三个步骤，然后通过同伴批改和教师批改进行修订，最终在班级内分享作品。在本项目中，"发表"既包括课上口头交流，也包括录制演说视频和在创业实践中的推销。

当然，教师在评价学生作品时设置了成果达标的下限（即商业计划书模板和写作检查清单），但上不封顶。有些小组为了让自己的展示更具观赏性和竞争力，增加了不少特色内容，如小组logo和slogan设计、活动介绍、精美奖品展示等。这些内容为小组的写作和演说增色不少，但并不强求所有的小组都必须这样做。只要写作符合商业计划书模板和写作检查清单的要求，即为合格作文。

（二）评价创业意识

教师之所以选择做这个项目是因为想对学生的价值观进行引导。事实证明，教师做到了。在学完 *Dollars and Sense* 的文本后，教师追问：如果知道创业的同时做公益存在破产的危险，你们还会选择做公益吗？

几乎所有学生都明确表示，即便创业的同时做公益可能存在破产的危险，他们还是会选择做公益，因为做公益不是创业失败的原因，之所以失败是因为创业家没有很好地平衡两者关系，Hard Rock Café和Mycoskie就是最好的正反案例。为了能帮助到更多有需要的人，创业家必须提高自己产品的竞争力，控制好价格和利润率，因为只有保持盈利才能具备帮助他人的前提。

在做完这个项目后，当学生在阅读中遇到World Hunger主题的时候有学生提问：我们是不是要去帮助这些挨饿的非洲国家的孩子？我们能不能在学完这篇课文后设计一个项目去帮助他们？

这正是"少年企业家"创业项目对学生带来的潜移默化的影响，从孩子们的表现来看，他们小小年纪就已经会自发地同情弱者并愿意尽己所能去帮助弱者、关怀弱者，初步具备帮助社会弱势群体的责任感，这就是本次项目化学习的意义所在吧，它对学生的影响不仅仅是在当下！

五、分析：如何进行英语跨学科学习

这一英语跨学科学习是一个英语学科项目化学习，以英语为主要工具，但内容主要涉及商业领域。设计的跨度比较大，内容是师生不太熟悉的载体。教师不仅要依托文本载体，让学生经历层层深入的语言实践，同时还要支持学生产生真实的创业和公益实践，是很不容易的。

（一）源于对课程标准中"人与社会"主题的价值观引导的追求

为什么选择做创业和公益这个主题？教师选择做这个项目并不是简单地追随社会热点，而是秉承2022年版英语课程标准的理念与精神，在项目化学习中对学生的价值观进行引导。虽然"校园义卖"经常作为数学项目、跨学科项目的情境，但是真正对义卖中的商业思维和逻辑的探讨其实是不多的。

2022年版英语课程标准以核心素养为指引来设置课程目标和内容。核心素养是课程育人价值的集中体现。与旧版相比，新课标更凸显了课程的育人价值，促进学生在心智能力、情感态度、思想品德和社会责任等方面的发展。为此，新课标聚焦"人与自我""人与社会"和"人与自然"三大主题范畴，其中，"人与社会"主题群"社会服务与人际沟通"在二级及三级内容中分别设置子主题"公益劳动与公共服务"和"志愿服务与公共服务"。本项目本质上归属于"人与社会"主题，关注"创业"与"公益"的联结，与上述两个子主题相关，却又比它们具备更丰富的内涵和实用价值。

经过非常深入的探索，学生看到真实世界中的少年企业家的成功案例，他们收获自己创收的第一桶金，激励自己不断投入和发现蕴含在自己体内的能量。学生建立了"创业"和"公益"的有效联结，对"公益"有了深层理解，他们通过撰写商业计划书、开展商业实践筹集公益基金，并帮助到身边的弱势群体，初步具备了帮助弱者的使命感。整个项目因此具有社会关怀性。

（二）建立文本与真实实践间的互动

在这个项目中，教师给到的一系列与商业、创业、公益有关的文本资源起到了重要的支撑作用。如果没有这些文本，学生几乎不可能形成浸润式的体验，更难以形成成果与深入的理解。教师和学生在项目中积累了相应的资源库。教师提供的文本资源的形式有很多：劝说文、说明文、商业计划、视频、故事，它们承担着必要的功能：

对一般性的商业元素的理解和商业思维的体验；

对真实世界中的创业模式与公益的认知；

了解适合孩子的创业方向和他们可能会经历的创业过程；

了解关于商业计划的实际案例。

伴随着一系列的文本学习，学生应该要对自己的创业观点和完整的计划书进行不断合理化和完善。学生的商业计划是否经历了互相说服直至立项的过程？别人对他们提出了怎样的建议？他们根据这些建议进行调整了吗？最后确认的创业观点是怎样的？最后出项的真正的计划书和一开始的计划书有何不同？这些关键的问题如果能够融入其中就会更好。

（三）形成一类功能性文本的可迁移的思维结构

这个项目融入了非常多的可迁移的思维结构，如OREO、金字塔、MIKD、劝说文的结构等。学生在阅读、写作、评析教师的下水作文、形成写作标准、撰写商业计划、将创业计划转化成演讲视频等各个阶段都会不断地用到这些阅读和写作工具，进而形成可迁移的思维工具。

此外，通过融入过程性写作，学生事实上会经历两类相对完整的文本的产生过程：

一类是商业计划的产生。产生初步的商业点子—结合关键要素形成完整的商业计划—劝说他人接受自己的商业计划—修订商业计划—通过实践检验商业计划—形成正式的商业计划。在这样的商业计划的形成路径中，学生形成了"好的商业计划"的结构要素：idea、marketing、finances、prices和profits。

另一类是劝说型文本的产生。整个项目中，教师不断支持学生运用相关的思维工具和类似文本，支持学生理解劝说文、商业计划、口头演讲之间的异同。这些计划有共通性，但是也有差异。在劝说型文本的撰写中，学生也形成了劝说文的基本结构：开头段点明观点—主体部分用证据支持自己的观点—结尾段重申观点或呼吁行动。

（四）学科教师应对跨学科性非常强的项目之策

这一项目不仅对英语教师有启发，也会对其他计划进行跨学科学习的教师有所启发。作为跨学科学习的教师，经常会碰到的一个问题是："我对这个领域不了解，怎么办？"本项目的跨度尤其大，涉及财务概念，如startup costs、expenses per unit、price per unit、profit per unit等很多的专业术语，以及少年创业等专业领域的内容。面对这种跨度很大的项目，如下策略值得学习：

教师组团学习。学校没有专职的经济学教师，教师组团研修，进行跨学科专项学习。学习包括三个方面：一是提升自己的商业常识，尤其是掌握如何撰写专业的商业计划书；二是搜集儿童创业及公益的相关资料，了解儿童创业的多种可能性和操作流程；三是与相关领域的专家商讨设计符合学生年龄特征和心理特点的教学活动来引导学生创业，包括开设一节Kids Can Help的背景知识建构课。

教师向学生学习。教师找到前期有经验的学生作为引路人。教师发现学生中也不乏"先行者"，于是首先帮助他们共同分析并形成了创业宝典。如双胞胎学生创业留下来的经验：

- 要对你的产品很熟悉，如配方、制作方法等。
- 说出它冰爽、可口的特点（对刚运动回来的人很有效）。
- 说出它健康好吃、有可乐的特点（对带小孩的人很有效）。
- 无论结果怎么样都要有礼貌，面带微笑（因为刚开始拒绝了的人，后面也有可能成为顾客）。
- 不要开口直接说："请问你要冰凉粉吗？"这样非常容易被拒绝，要换成："您好，打扰一下，我这有冰爽可口的冰凉粉（此处省去诱人的产品特点介绍），您要来一杯吗？"这样成功率才会高一些。
- 永远不要放弃，因为可能大单就在眼前！
- 找在聚会的帐篷人群，容易出大单。

▶ 不要休闲地散步，否则会失去宝贵的推销时间，要主动发现客户。

各类真实群体的参与。家长、社区成员和专家参与规划、评论或修改学生的作品以及最后的学生评估。在本次项目化学习过程中，家长和专家也参与了规划和设计。"少年企业家"项目的发起者德国创业家Matthias就是学校四年级某位家长的好友兼合作伙伴，Matthias不仅组织了本次活动，还录制了活动倡议视频，鼓励学生们踊跃加入创业实践。为了帮助孩子们更好地了解创业的各个环节，教师和家长还特邀培训投资专家Tom Schwarz录制了相关的创业须知视频。

第十章

科学跨学科学习:"校园植物多样性"多维一体逆向式评价设计

科学领域本身就具有跨学科的性质。《义务教育科学课程标准（2022年版）》中指出，义务教育科学课程是一门体现科学本质的综合性基础课程，具有实践性。本章所指的科学是从广义上说的，既包含综合性的科学，也泛指物理、生物学、化学等分科课程。在下文的阐述中，如果涉及的是前者，将统一用科学来指代，如果涉及分科课程，将出现具体的学科名称如生物学。本章将聚焦以概念为载体的评价，分析采用多维一体逆向式评价设计的案例。

一、科学课程标准中的跨学科学习定位

科学课程标准在课程目标中就体现了鲜明的素养特征。课标总目标中提出科学观念、科学思维、探究实践、态度责任四个维度，四个维度是以科学观念为引领进行整合的。

（一）科学课程标准中的跨学科概念

科学课程标准在课程内容层面提出用跨学科概念和学科核心概念来统摄整个课程标准。跨学科概念为"物质与能量""系统与模型""结构与功能""稳定与变化"，学科概念为"物质的结构与性质"等13个。《义务教育科学课程标准（2022年版）》解读中提到：科学课程强调学科知识之间的相互联系，除了将科学学习领域内的物理、化学、生物学等知识以主题形式融合之外，也凸显了跨领域的交叉融合，加强了跨学科元素，融合科学知识理解与社会生活应用。

在科学课程标准中，除了跨学科概念之外，很多学科概念也带有学科整合的性质。这也是本次科学课程标准修订时遴选学科核心概念的一个特点：突破学科领域界限，从科学知识的整体凝练核心概念。例如，学科核心概念"人类活动与环境"综合了物质科学领域的能源利用、环境污染、新技术对环境影响等内容，生命科学领域的人类与环境的作用关系等内容，地球与宇宙科学领域的资源利用、自然灾害等内容，技术与工程领域的技术对社会的影响、工程对环境的影响等内容，成为横跨多个领域的学科核心概念。又

如，学科核心概念"能的转化与能量守恒"涉及物质科学的机械能、化学反应过程伴随的能量变化等内容，生命科学领域的生物体的能量变化等内容，以及地球与宇宙科学领域的地球、人类能源的获得、动植物间的能量转化等内容，概括了自然科学中所有与能有关的内容。

科学课程标准中跨学科学习的特征是以（跨）学科概念为载体进行的，这种定位在单科的生物学、化学、物理等课程标准中也有所体现。单科课程标准是在相关学科概念的指引下，在内容领域中增加主题。从学业要求来看，部分学科课程标准中对学生学习相关主题后在核心素养方面的表现提出了具体的要求。如在生物学课程标准中体现为生物学课程核心素养"科学思维"和"探究实践"两个维度；从具体表述上看，主要为：综合运用相关知识、经验及方法，跨学科问题的提出与发现，研究方案设计，收集分析证据，辩证分析，合作交流，问题解决或实践方案的确定等要求。

（二）不同类型的科学跨学科学习

当我们说科学中的跨学科学习时，按照跨的范围大小，至少包含了三种不同的"跨学科学习"：

- 每一门分科课程标准中的跨学科模块。如生物学、物理、化学课程标准中提出的"跨学科实践"模块，这是典型的主从型的跨，是在生物学、物理、化学等学科内部划分出的和真实生活、社会发展等密切相关的部分。
- 科学领域内不同学科课程之间的跨学科学习。比如生物学、地理之间的跨学科学习，如上海目前中考涉及的初中地理、生命科学跨学科案例分析，学校在准备的过程中，会进行生物学和地理的跨学科学习，同时涉及这两门课程的关键概念或能力。
- 科学与其他学科课程的跨学科学习。比如科学与语文、科学与美术等，这种跨超过了科学这类课程的范畴，是更大范畴的跨。

(三) 不同学科中建议的跨学科学习模块

生物学课程标准对"跨学科实践"[①]提出了整体的定位：真实情境中的问题解决，通常需要综合运用科学、技术、工程学和数学等学科的概念、方法和思想，设计方案并付诸实施，以寻求科学问题的答案或制造相关产品。总定位下有三个具体的学习主题：模型制作、植物栽培和动物饲养、发酵食品制作。

模型制作类跨学科实践活动。针对特定的生物学内容，运用生物学、物理、技术、工程学等学科概念，以及"结构与功能""尺度、比例和数量""系统与模型"等跨学科概念，选择恰当的材料，设计并制作模型，直观地表征相应的结构与功能，提升探究实践能力。生物学课程标准还提出了三个可供选择的项目：制作可调节的眼球成像模型，提出保护眼健康的方法；制作实验装置，模拟吸烟有害健康；设计并制作能较长时间维持平衡的生态瓶。

植物栽培和动物饲养类跨学科实践活动。可以综合运用多学科的知识和方法，考虑"结构与功能""物质与能量""因果关系"等跨学科概念，设计恰当的装置，以满足生物生长的需要。

发酵食品制作类跨学科实践活动。发酵食品的制作可以运用传统的发酵技术来完成；发酵食品的改良需要好的创意，运用多学科的知识和方法，从发酵的条件控制、装置的改进、食材的选择等方面不断尝试。

物理课程标准中的"跨学科实践"包含"物理学与日常生活""物理学与工程实践""物理学与社会发展"三个二级主题。"跨学科实践"主题的内容具有跨学科性和实践性特点，与日常生活、工程实践及社会热点问题密切相关。这部分内容的设计旨在发展学生跨学科运用知识的能力、分析和解决问题的综合能力、动手操作的实践能力，培养学生积极认真的学习态度和乐于实践、敢于创新的精神。

"物理学与日常生活"部分跨学科活动建议：（1）通过资料查阅、商

[①] 此处课程标准中的"跨学科实践"是内容概念。

店咨询和实物考察，分析自行车中涉及的不同学科知识，选择感兴趣的主题撰写一篇小论文。（2）通过资料查阅和实物考察，探索家庭用电的安全问题，从跨学科视角撰写简单的调查报告。（3）通过资料查阅和实物考察，了解机动车的尾气排放情况，撰写关于城市空气污染和汽车尾气排放的调查报告。

"物理学与工程实践"部分跨学科活动建议：（1）制作一台小型风力发电机，从跨学科视角与同学交流制作过程与作品。（2）查阅资料，了解物理学对信息技术发展的贡献。（3）查阅资料，了解量子计算机相关信息，与同学交流对计算机未来发展的畅想。

"物理学与社会发展"部分跨学科活动建议：（1）查阅资料，了解深海、太空等的开发与利用对人类社会发展的意义，撰写一篇小论文。（2）查阅资料，了解环境污染治理比较成功的案例，撰写一篇调查报告。（3）查阅资料，了解手机改进历程中的典型案例，体会通信技术的进步对社会发展的影响。

化学课程标准中，化学与社会·跨学科实践中包含以下学习内容：化学与可持续发展；化学与资源、能源、材料、环境、健康；化学、技术、工程融合解决跨学科问题的思路与方法；应对未来不确定性挑战（科学伦理及法律规范、社会性科学议题的合理应对）；跨学科实践活动。化学课程标准中提出了十个跨学科实践活动：（1）微型空气质量"检测站"的组装与使用。（2）基于特定需求设计和制作简易供氧器。（3）水质检测及自制净水器。（4）基于碳中和理念设计低碳行动方案。（5）垃圾的分类与回收利用。（6）探究土壤酸碱性对植物生长的影响。（7）海洋资源的综合利用与制盐。（8）制作模型并展示科学家探索物质组成与结构的历程。（9）调查家用燃料的变迁与合理使用。（10）调查我国航天科技领域中新型材料、新型能源的应用。

二、跨学科概念的多维一体评价思路

科学课程标准中提出了跨学科概念和学科概念，但是对概念如何进行评价？在很多科学跨学科学习中，学生只是在做一些手工、科学活动，而缺少对科学思维、探究实践、科学概念的关注。这是一个关键的问题。在进行跨学科学习评价时，多维一体的思路在一定程度上可以解决这一问题。

多维一体的思路本身就体现了素养导向的评价特征，而在美国《新一代科学教育标准》（NGSS）中得到了非常充分的体现。简单来说，"多维一体"就是用整合的表现期望将不同维度的目标整合地表现出来，刻画学生在普遍的情境中可以做什么。NGSS围绕三个维度来构建科学学习：

1. 科学家和工程师进行工作的实践方式；
2. 连接科学各学科内容领域的关键跨学科概念；
3. 物质科学、生命科学、地球与空间科学以及工程、技术和科学应用的核心概念。

具体如表10-1所示。

表10-1 NGSS的三个维度

科学与工程实践
1. 提出问题（科学）和定义问题（工程）
2. 开发和使用模型
3. 计划和实施调查
4. 分析和解释数据
5. 使用数学和计算思维
6. 构建解释（科学）和设计解决方案（工程）
7. 用证据进行论证
8. 获得、评估和交流信息
跨学科概念
1. 模式
2. 原因和结果
3. 尺度、比例和数量
4. 系统和系统模型
5. 能量和物质
6. 结构和功能
7. 稳定与变化
学科核心概念
物质科学（PS）
PS1：物质及其相互作用

续表

```
    PS2：运动和稳定性：力和力的相互作用
    PS3：能量
    PS4：波及其在信息传播技术中的应用
生命科学（LS）
    LS1：从分子到生物体：结构与过程
    LS2：生态系统：相互作用、能量和动力学
    LS3：遗传：性状的遗传和变异
    LS4：生物进化：统一性和多样性
地球与空间科学（ESS）
    ESS1：地球在宇宙中的位置
    ESS2：地球系统
    ESS3：地球和人类活动
工程、技术和科学应用（ETS）
    ETS1：工程设计
    ETS2：工程、技术、科学和社会
```

这么多的维度，是不是意味着每个维度都要单独评价呢？将上述多维目标转化为可以被评价的整合表现，即是"表现期望"。采用表现期望，可以明确地将实践与学科核心概念和跨学科概念融合起来。如生命科学领域第4个学科核心概念"生物进化：统一性和多样性（LS4）"包含4个概念："LS4.A：共同祖先和多样性的证据""LS4.B：自然选择""LS4.C：适应性""LS4.D：生物多样性与种群"，以三年级的"LS4.C：适应性"为例，表现期望如表10-2所示。

表10-2 "生物进化：统一性和多样性"概念的表现期望描述[①]

"生物进化：统一性和多样性（LS4）"——LS4.C：适应性		
表现期望：用证据构建一个论点，证明在特定的栖息地中，有些生物可以很好地生存，有些生物生存得不太好，有些则根本无法生存［说明：证据的例子可以包括所涉及的生物体和栖息地的需求和特征。生物及其栖息地构成了一个系统，其中各部分相互依赖］		
科学与工程实践	学科核心概念	跨学科概念

---

① 内容来源于 https://www.nextgenscience.org。

续表

"生物进化：统一性和多样性（LS4）"——LS4.C：适应性		
用证据进行论证 ● 用证据构建一个论点	LS4.C：适应性 ● 对于特定的环境，有些生物可以很好地生存，有些生物生存得不太好，有些则根本无法生存	原因和结果 ● 因果关系通常被确定并用于解释变化

在上述表现期望中，就包含了跨学科概念、学科核心概念、科学与工程实践。

在多维一体的评价中，评价任务指向表现期望，通过真实情境中的系列评价任务来评估学生对整合性概念、学科实践与学科内容等方面的学习情况，引导学生实现统整性思考，从而让概念学习不落空。

三、"校园植物多样性"的评价分析[①]

在"校园植物多样性"这一项目中，生物多样性是其核心概念，为此，首先要分析这一概念的内涵。

（一）生物学课程标准中的"生物多样性"

《义务教育生物学课程标准（2022年版）》（以下简称"2022年版生物学课标"）将课程内容分为如下七个学习主题：生物体的结构层次、生物的多样性、生物与环境、植物的生活、人体生理与健康、遗传与进化、生物学与社会·跨学科实践。其中，"生物的多样性"是一个重要的主题，也是一个需要被深入理解的概念。2022年版生物学课标对于生物多样性有明确的界定：

地球上的生物是多种多样的。依据生物之间的相似程度，可将生物分成

[①] 本案例来自华东师范大学第二附属中学附属初级中学。设计与实施：徐娟。撰写：徐娟、夏雪梅。指导：夏雪梅。

不同的类群。生物与人类的生活关系密切，生物的多样性对维持生态平衡具有重要作用。……学生能够认识到生物种类丰富，不同的生物在形态和结构上既有相似之处，又有差别，进而认识到生物具有多样性和统一性。……形成保护生物多样性的意识和行为习惯，增强社会责任感。

只有核心概念明确，才能用核心概念统摄科学知识。梳理并分析课程标准中与生物多样性有关的学业要求、教学策略建议和学习活动建议（见图10-1），可以看到概念2"生物可以分为不同的类群，保护生物的多样性具有重要意义"包含4个重要概念和14个次位概念，需要教师合理运用教学策略，组织学生活动，开展形式多样的学习，避免学生陷入琐碎知识的机械记忆等低阶思维的重复训练。2022年版生物学课标中明确指出，概念2的学习可以通过项目式学习的方式展开，教师可以组织学生调查当地具有重要经济价值的生物资源，提出保护和开发利用的建议，撰写调研报告。

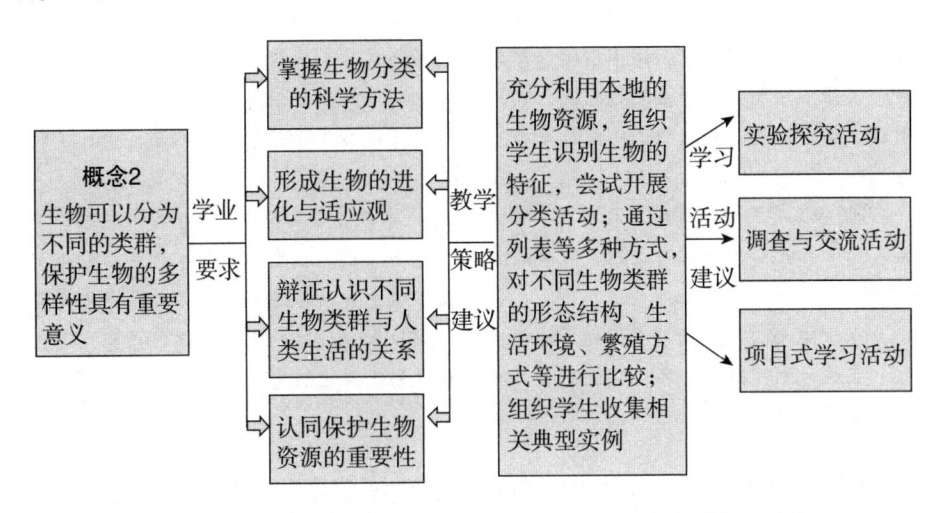

图10-1　2022年版生物学课标对概念2的学业要求和教学指导建议

上述概念2在不同的学段、教材单元中有不同的定位和表现形式。

（二）确定适合这一年段学生的科学实践

科学概念需要匹配适切的科学实践，共同组成科学项目化学习的整合目标。这是支持学生用"像科学家、工程师一样"的思路与方法去探索的关键。但是，在2022年版生物学课标中，我们没有找到类似的科学实践的表述。为此，本项目参照了2022年版科学课标中7—9年级的探究实践和科学思维（见表10-3）。

表10-3　7—9年级的探究实践和科学思维

7—9年级的探究实践	7—9年级的科学思维
能基于所学知识，从真实的情境中识别可以探究的科学问题和研究变量，并提出合理的研究假设，修订完整的探究计划，能应用控制变量方法设计实验方案。具有在真实情境中提出探究问题和制订探究计划的能力 能理解科学探究的过程和基本方法；能根据已经制订的探究计划，运用所学的基本器材，利用观察、实验等各种方法获得数据，用科学语言、概念图、统计图表等对数据进行整理分析，运用所学科学原理、思维方法和数学方法处理数据，建构解释，得出结论，判断结论与假设是否一致…… 明确探究报告写作的基本要求，能完成与所学知识和方法相适应的、简单的探究报告…… 知道工程需要经历明确问题、设计方案、实施计划、检验作品、改进完善、发布成果等过程……	能分析、解释模型所涉及的要素及结构，解释并模拟相关的科学现象和过程，展示对相关概念、原理、系统的理解，思考和表达事物整体与局部的关系；针对真实情境中的简单问题，能基于事实与证据，利用分析、比较、抽象和概括等思维方法建构模型，能运用简单模型解释常见现象，解决常见问题 能灵活运用二维方式展现三维空间的物体，形成事物动态变化的图景；掌握分析与综合、比较与分类、抽象与概括、归纳与演绎、联想与想象等基本的思维方法，并能应用于科学探究以及技术与工程实践，解决实际问题…… 掌握并应用重组思维、发散思维、突破定势等创造性思维的基本方法，能基于科学观念和科学方法，从多角度提出具有新颖性和合理性的观点，设计出有一定新颖性和价值的创意产品……

上述表格提供了一个可供选择的"科学实践库"，教师可以根据特定的驱动性问题和项目方向，从中选取适合的内容，形成匹配特定科学概念的科学实践。

（三）形成多维一体的目标定位

通过上述分析，本项目筛选适合的科学实践，形成了多维的目标定位：

● 跨学科概念：结构与功能（非评价目标）、系统与模型。

- 学科概念：生物—植物多样性。对生物进行科学分类需要以生物特征为依据；根据生物的形态结构、生理功能以及繁殖方式等，可以将生物分为不同的类群；理解种群、群落、生态系统的概念；理解什么是物种水平的多样性。
- 科学实践：制订调查计划并实施计划，能根据已经制订的探究计划，运用所学的基本原理，利用观察、实验等各种方法获得数据；用多种方法对数据进行整理分析；基于事实与证据，利用分析、比较、抽象、概括等思维方法建构模型，能运用简单模型解释常见现象，解决问题；用科学语言、概念图、统计图表等对数据进行整理分析，运用所学科学原理、思维方法和数学方法处理数据。

这些多维目标可以组合成统整的表现期望，这种统整的表现期望能够帮助我们描述学生将在真实情境中如何表现，定位项目最终的方向和学生将有可能从项目中获得什么。比如可以整合跨学科概念、学科概念和部分科学实践形成这样的表现期望：

通过计划与设计调查来获取不同区域的植物多样性的证据并进行分类分析，基于数据构建基本的模型，呈现植物在物种水平上的多样性并进行解释。

上述表现期望就同时涉及跨学科概念、学科概念、科学实践，并带动相应的一系列知识，与原有的教学定位相比，这一目标对学生的科学实践和概念理解提出了要求。表现期望的形成将有助于明确评价目标的定位和量规的方向，也有助于发展指向素养目标的驱动性问题和评价任务。驱动性问题和评价任务必须完整地指向表现期望。

（四）确定驱动性问题和相应的评价任务

根据初中生的学情和学校校园面积大且植被丰富的校情，教师决定组织学生开展"校园植物多样性"项目化学习。由于校园里的乔木植株高大，多年生，便于统计种类和数量，因此选择乔木作为研究对象。初中学生对校园中千姿百态的植物有着天然的好奇和喜爱，渴望了解校园乔木的相关信息，所以能够相对主动地开展多样性调查。为此，教师设计了如下驱动性问题：

在过去十年，学校努力改善校园环境。在校庆十周年来临之际，我们需要再次对学校乔木多样性展开调查，用图文并茂的调查报告来分析校园环境中的乔木多样性。为此，我们应该如何开展校园乔木多样性调查，用调查报告来对比分析校园环境中乔木多样性的变化，并创作乔木导赏图作为给校庆十周年的礼物呢？

五年前，当时的初中学生进行过一次校园乔木多样性的调查，通过将本次项目化学习的调查结果与五年前的调查结果相比较，学生可以更深地感悟到五年来校园环境的明显优化，联系学校近些年来从办学条件到教学质量的不断进步，对学校的校训精神将会产生更深度的认同感，对校园产生更深的热爱之情。学生还可以将这次的调查报告和学习成果"校园乔木导赏图"作为十周年校庆的一份礼物赠予学校来表达自己对学校的爱，从而迸发出学习内驱力。

在这个驱动性问题中，还自然地涉及了地理学科的相关内容，学生需要利用地图的载负功能和信息传递功能，结合信息收集和地图绘制等地理实践，将空间内的生物多样性资源信息以地图的形式呈现和传递出来。《义务教育地理课程标准（2022年版）》针对"地理工具与地理实践"部分的教学提示中明确指出，地图是实践性很强的学习内容，在教学中要尽可能多地创设活动场景；在"做"的同时也要强调"用"；地理工具的内容可以独立教学，也可以与其他主题内容结合起来学习；地理实践的内容可以结合跨学科主题学习活动要求加以实施。

根据上述目标和驱动性问题，可以明确本项目要评价的生物学核心概念是生物的多样性，跨学科概念是系统与模型。在生物学概念领域中，科学实践/探究实践、评价任务和学生将有的良好表现描绘如下（见表10-4）。

表10-4 多维一体的项目化学习评价任务表：生物学概念领域

科学实践/探究实践	评价任务	评价任务中的良好表现
设计和实施调查研究	设计方案，分区域收集和记录校园乔木的相关数据，形成对乔木形态结构相似性的分类	方案合理，完成校园乔木的种类、数量、濒危程度、保护级别等数据的收集；用图片和文字描述乔木的结构、生境及与人类的关系；能设计表格记录调查的数据

续表

科学实践/探究实践	评价任务	评价任务中的良好表现
建立和使用模型	用概念图表征生物多样性的三个层次，用举例的方法描述不同物种多样性指数	通过概念图表征遗传多样性、物种多样性、生态系统多样性之间的关系；理解种群、群落、生态系统的概念，能说明校园乔木多样性是物种水平的多样性；理解衡量物种多样性的指数模型，并举例说明不同模型的差异，选择更适合的指数模型
运用数学和计算思维	尝试计算多样性指数，汇总、比较数据	进行计算，汇总结果并用柱状图等图表展示数据；比较五年前的乔木多样性和现今数据之间的差异，基于差异能发现五年来校园乔木的丰富度和分布均匀程度都有明显提升；比较现今校园不同区域数据之间的差异，从中探索生物多样性的价值
构建解释	解释哪个区域是校园中乔木多样性指数最高的区域	基于数据判断校园不同区域的乔木多样性存在的差异，对乔木多样性指数最高的区域进行分析，结合实际情况和科学原理解释其乔木多样性指数最高的原因，结合实例阐述乔木多样性的价值

在考查了上述核心概念后，教师还希望学生可以学以致用，设计制作出校园乔木导赏图，进一步了解生物与人类的密切关系，主动宣传生物多样性的价值和保护生物多样性的重要意义，并将其作为对校庆的献礼。这一部分就不仅涉及生物学，还涉及地理、美术等，教师也形成了类似的量规（见表10-5）。

表10-5 校园乔木导赏图评价量规

评价领域	评价中的良好表现
生物学	能全面反映乔木的分类学特点、保护级别、生态价值、分布位置和物种数量等信息；能通过这些信息反映校园乔木的多样性现状
地理	能体现地图三要素，地图各部分比例合适，信息准确
其他学科	能灵活运用其他多门学科的技能，美化和完善成果，使成果内容更丰富、更具有吸引力

（五）学生在这一项目中的学习表现

学生在这个项目中形成了多样的成果，体现了学生在概念、实践能力上的成长，以下对三类成果进行描述。

1. 学生对乔木形态和结构的迭代理解

教师期待学生在解决子问题1"如何认识校园里的所有乔木"的过程中，感受到校园中有多种多样的植物，不同植物在形态和结构上有相似也有差异，可以根据它们在形态结构上的相似程度进行分类。

在实际学习中，教师布置了以下任务：

设计调查方案，统计校园中每种乔木的数量和分类地位。汇总校园乔木总数及其共分布在多少个目、科、属、种。每种乔木的典型特征是什么？它们是否适应了校园环境？它们的生存现状如何？通过小组分工合作，分区域收集校园乔木的相关数据，并形成特定乔木的植物图鉴。

在这个任务中，每组学生对所负责区域的乔木的种类和数量进行统计。具体来说，他们经历了如下的学习过程，也体现了表10-4中的"设计和实施调查研究"的科学实践：

- 用地图工具对校园合理分区，组间组内分工合理，组内成员讨论制订探究计划。
- 借助工具全面收集每株乔木的信息，并甄别信息真伪，过滤虚假信息。
- 观察乔木的茎、叶、花、果等，用图示和科学语言描述其特征。
- 能对照分类检索表或其他辅助工具，通过观察正确辨认所负责区域的所有乔木，并为每种乔木制作图鉴。

通过仔细观察，学生发现，原本以为都差不多的乔木其实千差万别，但同时他们也很困惑，由于缺乏植物学的知识，他们并不能很好地区分乔木之间的相似特征，无法正确辨认不同种类的乔木。有的学生想到了借助专业植物图鉴来鉴别校园乔木，但也发现专业植物图鉴使用起来很困难。教师同时邀请了六位具有植物分类学知识的生物专业本科学生担任助教，分别为不同小组的学生现场讲解植物分类的基本知识，教师还为每个小组提供了平板电脑以方便学生获得信息技术支持。为使学生能准确辨认校园乔木，教师为学生的学习搭建脚手架——指导学生制作"校园乔木信息统计汇总表"（见表10-6）。表格包含物种、学名、植物分类信息、物种保护信息、生长位置、生长状态、每种的数量等内容。

表10-6 校园乔木信息统计汇总表

序号	物种	学名	目	科	属	IUCN物种濒危等级	物种保护	常绿/落叶	数量	生长状态	校园中的生长位置
1	柑橘	Citrus reticulata Blanco	无患子目	芸香科	柑橘属	IUCN: LC	国家二级保护植物	常绿乔木	6	良好	百果园、宿舍楼和国际部区域
2	……										

在小组汇报和展示中，组长介绍了小组内的分工：在大家集体讨论制订探究计划后，小组内有的同学负责收集信息和填写表格，有的同学负责观察并讲解每种乔木的特点，有的同学负责将他人的观察结果和收集到的信息用图片和文字呈现在乔木图鉴中。不同小组、不同学生的学习效果存在差异。

例如，某小组设计了如图10-2所示的乔木图鉴。这份图鉴的优点是简要说明了榕树这种乔木的生态价值，但缺乏针对结构特点的描述，而且该种植物在校园中根本没有。说明该小组还未完成学习任务。

榕树
  榕树属于桑科常绿大乔木，台湾全岛平地常见，常作为行道树、遮阴树，是台湾的乡土树种。
辨认特征：
  （1）从树干上长出细长的气根。
  （2）终年常绿，叶厚，表面光滑。
  （3）根盘很美，老树姿型开阔，粗壮。

图10-2 某小组第一次制作的校园乔木图鉴

好的图鉴要能准确描述每种乔木的茎、叶、花、果的结构特点等，使他人能根据图鉴快速识别，准确描述每种乔木在校园中的生长位置和生长状态，能根据图鉴快速找到该种植物，说明该种乔木与其他生物的关系，以及可能对人类活动产生的或积极的或负面的影响。经过讨论分析，学生进行了校园乔木图鉴的迭代（见图10-3）。

枇杷

数量：24　　　生长位置：百草园

> 学名：*Eriobotrya japonica* (Thunb.) Lindl.

> 分类：蔷薇目　蔷薇科　枇杷属

常绿小乔木，果实也叫枇杷，淡青色或橙色，外皮有细毛，可以吃。叶片可吸附灰尘，常作为城市绿化树种。

株：成年高达3—10米。

枝：小枝粗，密生锈色或灰棕色绒毛。

叶：叶革质，披针形、倒披针形、倒卵形或椭圆状长圆形，成熟叶长12—30厘米，先端急尖或渐尖，基部楔形或渐窄成叶柄，上部边缘有疏锯齿，基部全缘，上面多皱，下面密生灰棕色绒毛，侧脉11—21对；叶柄长0.6—1厘米，有灰棕色绒毛，托叶钻形，有毛。

花：花多数组成圆锥花序，萼片三角状卵形，花瓣白色，长圆形或卵形，基部有爪；雄蕊20枚，花柱5枚，离生。

果：果球形或长圆形，青或橘黄色。

> 网上图片：　　　　　　> 校园自拍：

图10-3　该小组第二次制作的校园乔木图鉴

2. 学生对生物多样性的模型建构

教师希望学生在解决子问题2"如何评价校园乔木多样性"的过程中，能够理解生物的多样性可分为基因多样性、物种多样性、生态系统多样性三个层次，校园里多种多样的乔木正是反映了生物的物种多样性。物种多样性不仅取决于物种的数量，还受到物种分布的均匀程度的影响。

这一部分，学生需要探索乔木在特定区域是否具有物种的多样性。在完成这个任务时，学生先通过学习了解到生物多样性分为基因多样性、物种多样性和生态系统多样性三个层次，接着通过理解和辨析种群、群落、生态系统三个生物学概念，能够将多样性的三个层次及其之间的关系，用概念图（见图10-4）表示出来。

图10-4 生物多样性的不同层次

与此同时，教师为学生提供了新的学习支架"科学文献"和"问题支架"。在助教的帮助下，学生先尝试阅读了数篇关于大学校园、公共绿地的物种多样性调查文献，了解他人是如何科学地研究生物多样性这一问题的，再思考了由教师提出的一系列问题组成的"问题支架"。例如，"物种越多的区域生物多样性就越丰富吗？""生物多样性的评价指标有哪些？""辛普森指数是最适合评价校园乔木多样性的指标吗？"

在阶段汇报中，几乎所有小组的学生都能从文献中找出常用的衡量物种多样性的指数模型，通过比较模型的影响因素，学生普遍认为辛普森指数和香农-威纳指数两种模型更适合评价校园乔木的多样性。也有少数学生指出辛普森指数比香农-威纳指数受物种分布的均匀程度影响更大。在此基础上，小组利用之前获得的数据进行辛普森指数的计算，教师组织各组汇总结果并用柱状图等图表展示数据（见图10-5）。

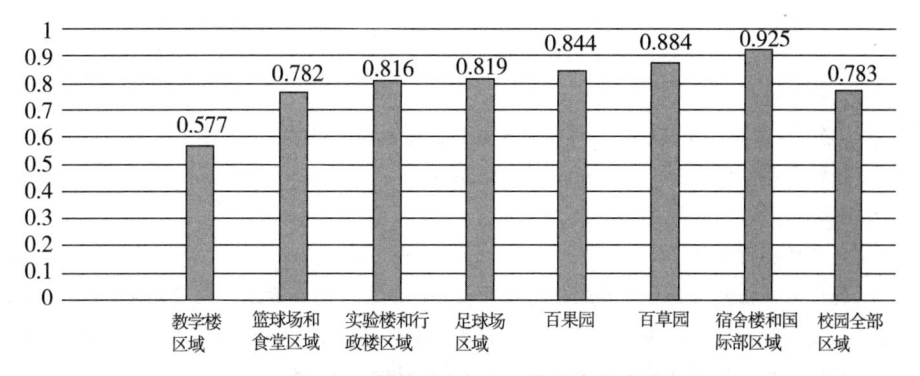

图10-5 不同区域校园乔木多样性的辛普森指数汇总

与五年前的数据比较，学生很容易发现五年来校园乔木的丰富度和分布均匀程度都有明显提升。而通过比较现今校园不同区域数据之间的差异，学生也可以找出乔木多样性指数最高的区域。

通过比较数据，学生发现校园中樟的数量减少了，在宿舍楼和国际部区域面积不大的空间中均匀种植了十多种果树，规划了百果园这样的观花观果区域，对提高校园乔木多样性起到了至关重要的作用。这也使学生纠正了"绿化面积越大生物多样性越丰富"的错误前概念，深刻理解了物种多样性取决于物种的数量和物种分布的均匀程度。以上为学生科学解释哪个区域是校园中乔木多样性最高的区域打下了基础。

学生通过撰写校园乔木多样性调查报告，将观察到的现象、收集到的数据、计算出的结果和思考后的结论集中呈现出来，而后通过汇报与他人交流并进行评价。

以下面这份小组调查报告为例，从中基本体现了科学实践中的设计和实施调查研究、建立和使用模型，但运用数学和计算思维、构建解释的实践体现得还不够充分。核心概念的构建还不够完整。

校园宿舍楼及周围区域的乔木多样性调查报告

1. 宿舍楼及周围区域植物分布情况

　　目前在宿舍楼及周围区域，共有13种乔木。其中梅31棵，紫叶李26棵，栾树25棵，北美枫香24棵，海棠23棵，玉兰和樟各20棵，水杉15棵，枇杷、柿子树和池杉各5棵，柑橘和桂花各1棵，共计201棵。

2. 植物的特点及价值

　　下面我们挑选几种有代表性的植物，重点介绍它们的分布位置、主要特征及在校园中发挥的作用。

　　（1）紫叶李。蔷薇科李属樱桃李种。它遍布了校园的各个角落，树形优美，是良好的装饰类植物。

　　（2）樟。樟科樟属樟种。它常种于路边，树木高大荫浓，四季常青，枝叶秀丽而具有独特香气，能驱虫，是良好的行道树品种。

　　……

3. 植物多样性的判定

　　物种多样性包括物种个数的均匀度和物种的丰富度两个方面。在植物多样性的判定中，我们引入了辛普森多样性指数，它是测定群落组织水平的指标之一。辛普森多样性指数是指随机取样的两个个体属于不同种的概率，它等于1减去随机取样的两个

个体属于同种的概率。设某物种的个体数占群落中总个体数的比例为 P，那么，随机取该物种两个个体的联合概率就为 P^2。

如果我们将群落中全部种的概率合起来，就可得到辛普森多样性指数。一般来说，辛普森多样性指数越接近1，说明群落中种数越多，各种个体分配越均匀，物种多样性程度越高。

经计算可得宿舍楼及周围区域的辛普森多样性指数约等于0.889，这说明，宿舍楼及周围区域植物种类较多，且每个品种数量较均匀，因此，物种多样性程度较高。

而另一份调查报告则更充分地体现了更多样的科学实践。该组学生不仅进行了计算，汇总了结果并用柱状图等图表展示了数据，还比较了五年前的乔木多样性和现今数据之间的差异，比较了现今校园不同区域数据之间的差异，并对数据进行了分析，结合实际情况和科学原理解释了其乔木多样性指数最高的原因，结合实例阐述了乔木多样性的价值。比较两份报告，不难看出学生成果中的目标达成差异。

校园乔木多样性调查报告

经全班同学对校园分区域进行的详细统计，目前，学校共有1505棵乔木，它们分属21个目、31个科、39个属、57个种。上海市常见乔木种类约67种，学校乔木种类相比其他中学校园是比较丰富的。其中有国家一级保护植物两种，它们是水杉和银杏。校园中最常见的乔木是樟、东京樱花、玉兰和水杉。数量之最是樟，共有384棵，超过了校园乔木总数的四分之一。

1. 相比五年前校园乔木多样性的变化

首先从数量和种类比较，现在的乔木数量几乎比五年前增加了一倍，种类也增加了16种。校园增添了更多适宜观察的植物，现在的校园在不同季节里有不同的乔木开花结果，它们都是进行自然观察的丰富素材。高大乔木分布位置广，这些乔木为鸟类、昆虫、哺乳动物的生活提供了条件。总绿化面积大幅度增加，校园变成了花园。校园的植物分布也更合理，如教学楼窗口区域改种了低矮灌木和小型乔木，增进了教室的采光；校园门口改种草本和低矮灌木，在它们的衬托下，金钥匙更加耀眼了。

2. 校园不同区域的乔木多样性差异

衡量乔木多样性需要比较这些区域的物种多样性，一般需要计算这些区域的物种多样性指数，经过比较，我们认为物种分布的均匀度和物种丰富度同样重要，所以我们选择最适用的香农-威纳指数来衡量。经过计算，校园里物种多样性最丰富的区域是宿舍楼和国际部区域，这里虽然物种种类不是最多，但每种的数量比较接近，分布的均匀程度是最好的。教学楼附近多种植低矮的灌木和草本，所以乔木多样性并不高，这也是合理的。从物种丰富度来看，百果园的乔木种类就非常丰富了，有27种之多，占了全校种类的一半，在实际生活中，百果园也是师生最喜爱的去处，这里空气清新、景色优美，不同季节有不同的景象，观赏性极强，师生可以观花、观叶、观果。

分块数据统计

校园中乔木多样性最丰富的区域
宿舍楼和国际部区域

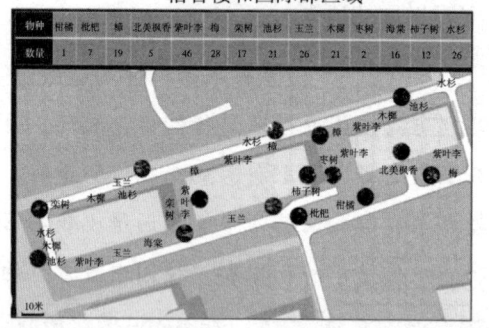

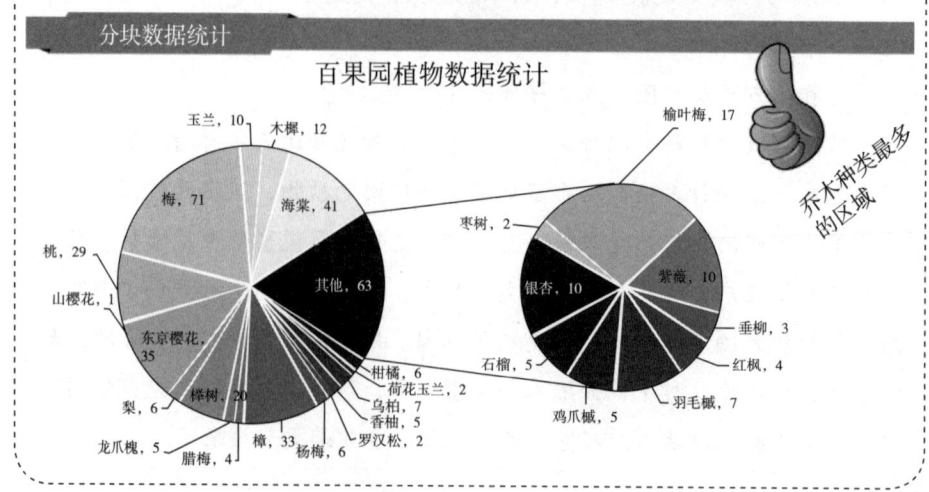

物种	柑橘	枇杷	樟	北美枫香	紫叶李	梅	栾树	池杉	玉兰	木槿	枣树	海棠	柚子树	水杉
数量	1	7	19	3	46	28	17	26	21	8	2	16	12	26

分块数据统计

百果园植物数据统计

（乔木种类最多的区域）

百果园植物数据统计（左图）：玉兰 10；木槿 12；梅 71；海棠 41；桃 29；山樱花 1；东京樱花 35；其他 63；柑橘 6；荷花玉兰 2；乌桕 7；香柚 5；罗汉松 2；樟 33；杨梅 4；腊梅 4；龙爪槐 5；梨 6；榉树 20

百果园植物数据统计（右图）：榆叶梅 17；枣树 2；银杏 10；紫薇 10；垂柳 3；红枫 4；羽毛槭 7；鸡爪槭 5；石榴 5

3. 生物学、地理等学科的跨学科学习结果

学生需要运用绘制地图的方法创作校园乔木导赏图，进一步理解生物与人类的密切关系，主动宣传生物多样性的价值和保护生物多样性的重要意义。根据前述的校园乔木导赏图评价量规，学生创作的校园乔木导赏图体现了他们的创造力。他们灵活运用美术、地理、信息科技、语文等学科知识和技能，设计小组学习成果。有的将乔木信息浓缩成了一张张二维码，想要贴在校园乔木上进行宣传；有的运用不同的色彩画出了校园乔木分布的抽象画；有的则运用地理课上学的绘制地图的本领，绘制了规范的乔木分布地图；还有的制作了校园乔木介绍的动画视频，如图10-6所示。

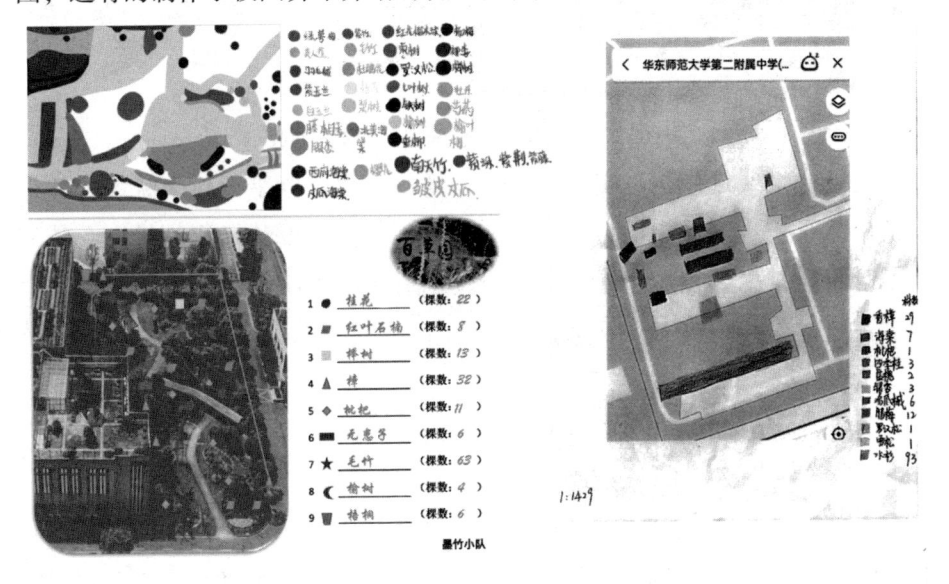

图10-6　学生制作的校园乔木分布图示例

在交流和评价中，师生将成果与量规相比，发现不同成果都存在优点和不完善之处。手绘校园乔木分布图虽然包含了一定的地图要素，但蕴含的植物信息过少，看不出校园乔木多样性的现状和价值，也很难起到向人们宣传保护生物多样性的积极作用。植物二维码形式新颖，扫描二维码可以看到丰富的乔木信息，但呈现方式没有使用地理工具，不能直观呈现校园乔木多样性。在评价量规的指导下，班级学生分工合作，最终集体创作了校园乔木导赏图（见图10-7），作为项目化学习的集体成果，进行了成果发布。

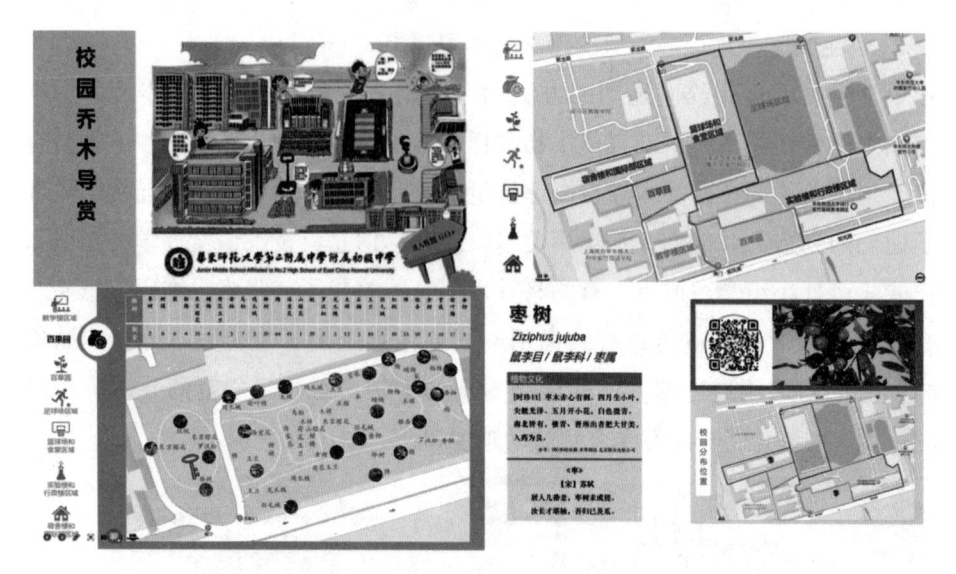

图10-7 学生集体创作的校园乔木导赏图

反思这次项目化学习实践，教师发现每一次任务驱动和交流评价都是促进学生学习进阶的关键，在设计实践活动的同时设计好评价任务及其配套的评价量规，可以使学生在开始行动前有更清晰明确的学习目标，使学习更高效。

四、分析：如何进行科学跨学科学习的评价

上述的科学跨学科学习，或者说生物学的学科项目化学习经历了较多的迭代，从一开始的设计到最后的呈现，是一个从"不太有评价意识"到"有意识地从评价开始逆推设计学习"的过程，是一个从"更多地关注具体知识和操作"到"有意识地用科学实践来支持学生学习概念"的过程，也是一个从"用现成量规"到"有意识地根据表现期望和学生表现来设计与优化量规"的过程。

（一）从"不太有评价意识"到"有意识地从评价开始逆推设计学习"

项目化学习设计时是否需要有明确的评价意识？有评价意识对项目化

学习的设计会带来怎样的影响？本次的案例设计和迭代对理解这一问题有所启发。

上述案例在第一次设计时采用正向设计的方式，主要聚焦知识和技能，分类单独设计评价量规，比如让学生了解木本植物的基本结构特征和植物分类的一般方法等，教师再单独设计过程中的合作、调查等通用能力量规和结果量规。这种类型的设计有三个弊端：第一，前期教学中的关注点主要是通过指定任务让学生掌握知识和技能；第二，后期进行的对学生搜集资料、合作调查等的评价和学科目标没有关系；第三，学生最终成果实际需要的评价是缺失的。

在新一轮的项目迭代中，我们有意识地先确定评价目标和表现期望，然后再考虑什么样的证据能够证明达到了预期的学习结果，即进行评价任务的设计。评价任务的设计是植入在项目进程中的，所有的评价任务整合起来能勾勒出学生在真实情境中的表现。学生关键任务的完成情况能够体现学生的探究实践水平和对科学概念的理解程度，教师也能根据学生的理解情况及时调整自己的教学，对学生进行相应的指导。这种逆推式的设计保证了项目化学习在设计层面的一致性，与实施过程中的生成性也并不矛盾。

（二）从"更多地关注具体知识和操作"到"有意识地用科学实践来支持学生学习概念"

在以往的实施中，教学层面真正落实的往往只是具体知识和技能。如果只是将具体知识直接讲授给学生，或是让学生照着步骤操作，学生当时记住了，但并没有经历"探索概念形成"的过程，在迁移性和理解的深度上是不够的。

在"校园植物多样性"以往的教学过程中，学生也会知道有不同的物种多样性指数和计算方法，但是并不理解为什么，不清楚不同的指数代表了对多样性的不同理解。

2022年版生物学课程标准的课程理念中明确提出了"教学过程重实践"，强调"通过实验、探究类学习活动或跨学科实践活动，使学生加深对生物学概念的理解，提升应用知识的能力……"。这就意味着，需要让学生有机会体验和反思科学家如何建立有关世界的模型的实践过程。

有鉴于2022年版生物学课程标准中并没有直接列出清晰的生物实践，为此，在上述项目的迭代中，我们引入了科学课程标准中的探究实践和科学思维，基于核心概念"生物多样性"，纳入更具有过程性和探究性的实践，引导学生用"设计和实施调查研究"来搜集和记录校园乔木的相关数据，让学生理解不同种类的乔木在形态和结构上有相似也有差别。用"建立和使用模型"的实践来表征基因多样性、物种多样性、生态系统多样性之间的关系。学生在"做"的过程中发展出对相关科学现象的解释。上述这些实践在新的迭代中还可以进一步深化，比如"设计和实施调查研究"这一实践强调了调查以问题为基础，以一切可利用资源的实地为调查范围，目的在于形成假设。

（三）从"用现成量规"到"有意识地根据表现期望和学生表现来设计与优化量规"

在跨学科学习的评价中，教师可以使用现成的量规，本书的第五章和其他书籍、网络资源也都提供了一些现成的量规。现成的量规经过多次使用，有一定的信度和效度，比较适合评价学生的通用能力，比如合作能力、沟通能力等的发展。但是，现成的量规往往针对性不够，对学生在具体学科领域上的指导性不强。本项目从开始就直接引入了现成的量规，对学生的通用能力进行评价，这样的评价是不充分的，学生的科学概念的发展和科学实践没有得到评价，所以，如果项目目标中包含较多的学科知识、能力时，还是应该有意识地根据整合的目标构建可评价的表现期望，然后再划分表现期望的不同水平。

这样形成的量规并不能直接使用，要根据学生的典型表现对不同水平的描述进行调整，使其更加准确地刻画水平上的差异。为此，教师可以在两个时间段收集、分析学生的典型表现，进行水平描述的调整：一是在设计阶段，在预设不同的水平描述后就选取一些学生先测试一下，然后根据学生任务完成的情况修改描述；二是当所有学生的评价任务完成后，再有意识地收集学生在关键评价任务中的表现，区分不同的类型，提炼同一水平上的共同点。在分析时，比较通行的做法是，先确定出学生的最好表现和最不能接受的表现，然后再分析中间的不同类型，这样可以更有效地确定水平。不管是在哪个时间点进行调整，教师都可以引入学生的声音，支持他们运用量规中的语言分析他们自己的或同伴的作业，对照作业表现和相应的水平描述，提出自己的想法，这将促使学生在评价中学习。

第十一章

美术跨学科学习：
"假如我生活在名画中"跨学科作业设计

如第二章所述，美术学科是极具"表现性"的学科，在语文、数学、英语、道德与法治、科学等学科的学习中加入美术学科内容，不仅可以增强艺术性、创造性，而且还可以通过美术独有的"视觉表现性"让跨学科理解可视化。在这一类的跨学科学习中，美术往往是作为"被跨"的学科，为其他学科增光添彩。但是，美术是否可以作为主体学科"去跨"其他学科呢？答案是肯定的。本章将首先从课程标准的层面上探讨这一问题，2022年版艺术课程标准中的美术的四大课程内容板块都具有丰富的跨学科学习要素。本章的探讨主要以"作业"这一载体为线索，以呼应本书第六章中的跨学科作业设计。本章将要探讨的案例来自2022年版美术课程标准中的"欣赏·评述"，相较于更具有表现性的"造型·表现"，更具有设计性的"设计·应用"，以及更具有综合性的"综合·探索"，选择这一领域进行跨学科的探索，更体现了本书的态度和精神：跨学科学习作为一种学习方式，不应被局限于10%的课时，我们应该将其精神体现于90%的课时，促使学生更主动、灵活地学习。

一、美术课程标准中的跨学科学习定位

2022年版艺术课程标准整体强调课程综合，其中对课程综合的定位是："以各艺术学科为主体，加强与其他艺术的融合；重视艺术与其他学科的联系，充分发挥协同育人功能；注重艺术与自然、生活、社会、科技的关联，汲取丰富的审美教育元素，传递人与自然和谐共生理念，促进学生身心健康全面发展。"

这其中体现了三类综合：第一，艺术学科内部以各艺术学科为主体的与其他艺术的融合；第二，艺术与其他学科的融合；第三，艺术与真实世界的融合。这种定位体现了美术的学科属性。美术本身不是孤立、纯粹的艺术领域，而是一个与社会、文化、科技等有千丝万缕关系的跨学科领域。王大根（2021）从三个方面分析了美术的跨学科属性：传统美术的跨学科属性；工艺与设计的跨学科属性；现当代艺术的跨学科属性。

艺术课程聚焦审美感知、艺术表现、创意实践、文化理解等核心素养，

形成四类艺术实践活动：欣赏·评述、造型·表现、设计·应用和综合·探索，从核心素养到课程内容都体现出非常丰富的跨学科特征。从核心素养的角度看，审美感知、文化理解、创意实践本身就带有非常强烈的跨学科性，审美感知、文化理解不仅是艺术独有的，语文课程核心素养也强调审美鉴赏与创造、文化自信，创意实践与科学工程领域的设计思维有异曲同工之处。

从课程内容的角度看，根据课程标准的内容框架（见图11-1），每一学段都围绕四类艺术实践设置了相应的学习任务。在每一学段，都是以指向学生审美感知和文化理解素养的"欣赏·评述"为起点，到以强调学生艺术表现和创意实践素养的"造型·表现"和"设计·应用"，最后再到加强课程内容、社会生活和学生经验之间联系的"综合·探索"。

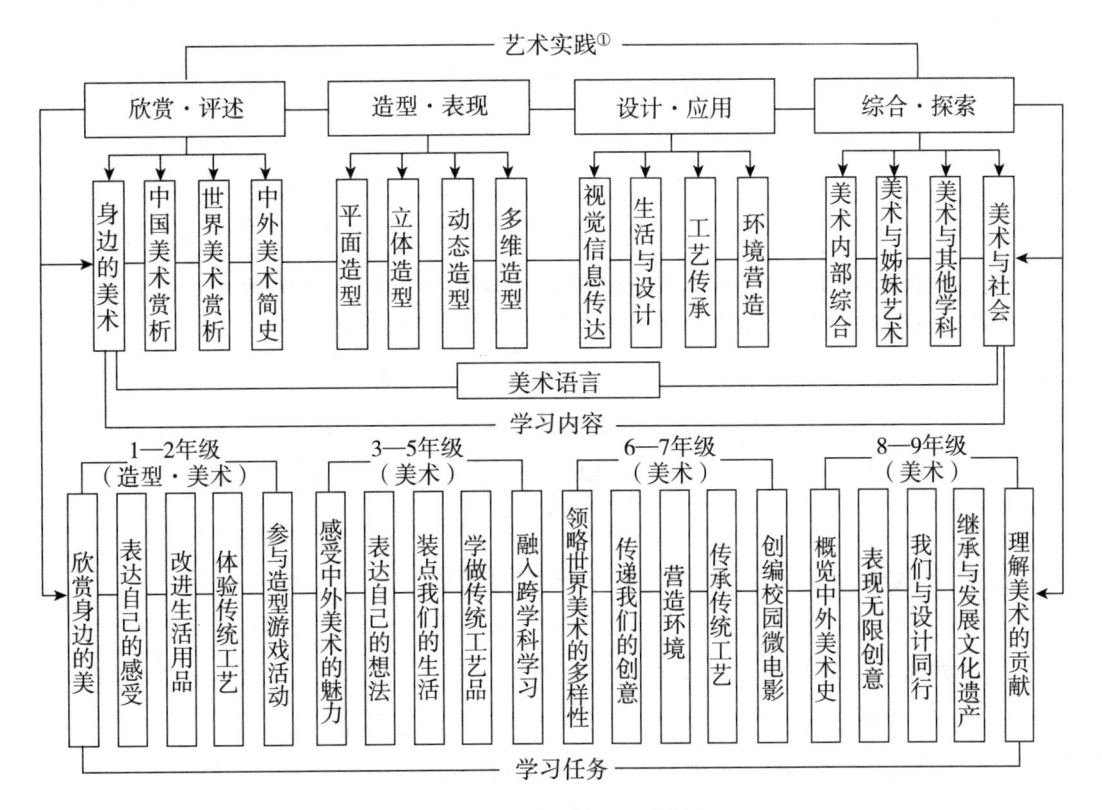

图11-1 美术学科课程内容框架

---

① 这里的艺术实践仍然是内容概念，指这些内容要通过实践性的方式来实现。

其中，"综合·探索"是在内容领域上正式归为跨学科学习的，也就是说，这一部分的内容是属于课程方案层面上规定的10%的内容。"通过'综合·探索'，学生将所掌握的美术知识、技能和思维方式，与自然、社会、科技、人文相结合，进行综合探索与学习迁移，提升核心素养"。美术的"综合·探索"中包含四部分具体的内容：美术内部综合、美术与姊妹艺术、美术与其他学科、美术与社会。但是，这并不意味着美术的跨学科学习就只能在"综合·探索"部分展开。"欣赏·评述""造型·表现""设计·应用"这三部分也都具有跨学科的典型特征。如"欣赏·评述"看上去是"纯美术"，但是"身边的美术"这一主题就带有跨学科学习的性质。"设计·应用"中的生活与设计、工艺传承、环境营造这三项的跨学科特征就很明显。在课标中，特别强调通过"设计·应用"，"学生结合生活和社会情境，运用设计与工艺的知识、技能和思维方式，开展基于问题的学习、基于项目的学习，进行传承和创造"。

美术学科中的跨学科学习在不同的年级有相应的案例推荐。1—2年级中有"参与造型游戏活动"。3—5年级专门设定了"融入跨学科学习"的内容，如将美术与自然、社会和科技融合，创作图画书、摄影作品、动画、微电影或戏剧小品等；结合中华优秀传统文化，绘制民俗文化图谱、视觉笔记等，创作动画、微电影等；通过图形化工具，运用简单的程序语言，设计日常物品与居室环境，体验编程与设计的关系。6—7年级中有"创编校园微电影"；8—9年级中有"我们与设计同行""继承与发展文化遗产"等。

二、寻找美术与语文的跨学科学习的可能性

如前所述，美术和语文在核心素养的"审美"层级上有相通之处。那么，到了具体的内容领域，如何寻找美术与语文跨学科学习的可能性？

探索学科之间的深度融合点的基础是确定适合的领域。首先确定美术学科的内容领域。从美术学科的角度看，"造型·表现""设计·应用"等艺术实践本身就是有项目化、跨学科的特征——通过创造真实情境培育学生的美术素养。而在"欣赏·评述"中，依旧比较难设计。大多数的"欣赏·评

述"课，一般是以教师为主导，学生通过教师的讲解及各种素材去了解相关知识，并学习一些评述的方法，最后的作业大多是对某件作品、某个建筑采用所学过的方法进行评论。学生有时候会问，为什么要学习评价这些作品？站在学生的角度，缺少一个真实的情境或一个具有挑战性的任务来为他们提供驱动力。与其他艺术实践不同，"欣赏·评述"离学生的生活比较远，对学生来说，要更深层次地去感知、挖掘作品背后的意义或理念是有难度的。那么，如何将"欣赏·评述"的目标真正关联到学生呢？那就需要教师有意识地观察和收集学生在学习中的表现。

比如下文所阐述的跨学科作业设计就来自学生的感叹。在有关《千里江山图》的"欣赏·评述"课中，教师让学生互相交流对这件作品的感受，有个学生感叹道："要是我家在那里就好了，天天都能看到这样幽美的景色了！"他的同桌也附和着："是哦，那我每天都要去爬不同的山，直到爬上最高的那座！"受到这番讨论的启发，教师带领学生们展开想象："假如你生活在《千里江山图》里，你会做什么呢？"学生们瞪大了眼睛，都对这个话题很感兴趣，争先恐后地回答着，涌现出各种充满童真且富有创造性的答案。

从这次的讨论中我们感受到，学生在理解的基础上结合自己的生活经验，去真正感受画面带来的情绪和价值，分享自己对作品的主观看法，这样的"欣赏·评述"课才能让学生带着兴趣去主动地了解、欣赏一件艺术作品。而类似这样的设计就能带来美术和语文的自然而然的跨。

学生的有感而发，已经具有了跨学科的性质，但是作为设计者，我们需要"透过现象看本质"，找到与各个学科之间的联系。2022年版艺术课程标准中提出：能运用造型元素、形式原理和欣赏方法，欣赏、评述艺术家的作品，感受中外美术作品的魅力。这要求学生在理解的基础上大胆表达与评价，而语文学科中对于表达能力也有一定的要求，两者之间具有共性。找到共性后，应尝试去探索学科间的深度融合点，对学科之间的知识与能力进行有机结合。从语文学科的角度看，《义务教育语文课程标准（2022年版）》的总目标中提出：积极观察、感知生活，发展联想和想象，激发创造潜能，丰富语言经验，培养语言直觉，提高语言表现力和创造力，提高形象思维能力。"感知""创造力"与"形象思维能力"这些词与美术课程核心素养紧密相连。对语文课程标准的写作部分深入研读后，发现第二学段的"习作"部分要求学生能不拘形式地写下自己的见闻、感受和想象，注意把自己觉得新奇有趣或印象最深、最受感动的内容写清楚。两门学科的相关表述有异曲同工之处，只是各自的表达方式不一样。

为此，教师将课堂上学生的一个突发奇想转变为半命题的跨学科作业："假如我生活在某幅名画里，我会……？"这样的跨学科学习作为学生作业，整合美术中的"欣赏·评述""造型·表现"两类艺术实践，让学生在理解和感受作品后再去发挥联想与想象，创造性地表达、分享出来，给学生带来了不一样的体验。

三、"假如我生活在名画中"跨学科作业设计[①]

本次作业是面向3—5年级学生的"欣赏·评述"、"造型·表现"与写作的跨学科设计，主要学科为美术，关联学科为语文。学生将选择一件自己感兴趣的或者曾经在展览中见过的艺术作品，通过搜索资料与艺术实践去了解作品的相关知识、所表达的情感和意境以及技法与表现方法，学习运用美术语言去评述、赏析，初步形成对艺术作品的看法；结合自己的实际生活，采用思维导图或列举的形式构思主题和写作内容，选用合适的语言形式完成半命题习作；学习、模仿艺术家的表现方法，在此基础上融入自己的联想，重构画面，为习作配上插图。

（一）跨学科作业的目标

美术：

1. 知道1—4位著名中外艺术家及其作品，初步了解中外美术有不同流派，深入理解其中1—2种。

[①] 本案例来自上海市世外小学。设计与实施：世外美术组。撰写：金天、王丽雯。指导：夏雪梅、王大根。

2. 通过欣赏、描述、分析和解释，能运用美术语言评述中外美术作品，与同学分享、交流自己的体会；通过思考和联想，能提出各种美术创作构想，并尝试运用各种表现形式和方法，创作富有创意的习作插图。

3. 感受中外美术作品的魅力，体会画家对艺术的热爱和不懈追求，感受作品中蕴含的情感。

语文：

能不拘形式地写下自己的见闻、感受和想象，注意把自己觉得新奇有趣或印象最深、最受感动的内容写清楚。

（二）美术跨学科作业单的设计

为了达到上述目标，教师设计了如下有学习支架支持的若干个连续作业单。

在写作之前，学生先要选择一幅自己感兴趣的名画，那该选择哪一幅呢？经过讨论与筛选，教师选择了十件具有代表性的中外美术作品，并以视频微课的形式上传到校内平台供学生参考。学生可以从平日观展或阅读中选择自己感兴趣的作品，也可以结合教师提供的微课选择其中一件进行赏析。如果学生直接观看微课或阅读教师直接给的资料，很可能会缺少对作品的思考以及自己的见解，并不能从中有效提升自己的美术欣赏与评述能力，所以教师设计了一张"默契大考验"学习单（见图11-2），让学生先自主观察、提问、推测。

默契大考验

嘿！先别急着去了解这件作品！请你先仔细审视一下这幅名画，你观察到了什么有趣或让人疑惑的内容吗？请你尝试像艺术家一样去推测、分析这样画的原因，然后再去查阅资料或观看微课，看看你和艺术家的默契程度！

我观察到的	我的疑惑/问题	我的推测/分析	画家的答案（经搜索资料或观看微课）	默契程度
				☆☆☆☆☆
				☆☆☆☆☆

图11-2 "默契大考验"学习单

学习单中"我观察到的"这一部分对应"欣赏·评述"四步骤中的第一步"描述"——我看见了什么？学生以客观、个性化或形象的描述，初步感受作品的艺术美感。"我的疑惑/问题"是给学生一个思考的路径，引导学生去挖掘作品背后的内涵。"我的推测/分析"对应着第二步"分析"——画家是如何让你产生这种感觉的？带着这些疑惑，去寻找"画家的答案"——画家究竟想表达什么？这其实对应着第三步——"解释"，猜测为什么这么画，激发学生的思考和研究意识。最后的"默契程度"对应着第四步——"评价"，即对这一阶段学生的过程性评价。

这一阶段，学生已经对作品有了初步了解，但学生目前掌握的仅仅是资料给出的信息，还没有将这些信息转化为自己对作品的理解，尤其是对艺术流派、风格、表现形式这些比较抽象的词汇概念的理解。正如杜威所说：学生只有通过亲身实践、亲身经历探究或问题解决的过程，才能发展概念视角，形成概念性理解（Dewey, 1958）。因此教师要求学生进行"角色扮演"，并设计了"艺术家一日体验"学习单（见图11-3）。

艺术家一日体验

假如你也是一位艺术家，你会如何去表现这个主题呢？请你也创作一幅……

对比这位艺术家的作品，和你的作品有哪些不同之处？（勾选并对比）

构图（　　）	色彩（　　）	造型（　　）	技法（　　）

他的这种艺术风格叫_____

这幅作品的艺术表现形式是怎么样的？（构图、色彩、技法、造型等）

图11-3 "艺术家一日体验"学习单

这里设置了学生自己就是一名艺术家的情境，用自己的绘画风格尝试去画一画这件作品，再引导学生将自己的作品与艺术家的原作进行对比，从四个方面有选择地去比较。例如，学生在将自己的作品与《星月夜》这一作品进行对比时，发现自己在色彩方面，和梵高一样，多用蓝色和黄色；在造型方面，自己选用具象的五角星和点来代表星星，而梵高却用漩涡一样的图形来表示；在技法方面，自己选择的是点涂，而梵高的整幅画面是由线条组成的。这一阶段，学生会自主寻找不同之处，通过切身体会和艺术实践，加深了对概念的理解。

学生只有对概念的理解还不够，在习作中，还要形成个人态度和观点，达到评价、欣赏的要求，所以教师设计了"名画档案"学习单（见图11-4），引导学生用自己的语言去分析，画出自己最喜欢的部分并说明理由。这一阶段，学生在绘画的过程中，相当于进一步地像艺术家一样去绘画，也增强了学生的切身体会。例如，有学生画下了《星月夜》中的月亮，并觉得绘画中的难点在于月亮的笔触，写道："无法像梵高一样，用旋转、长短不一的线条画出月亮的光晕。"此时，相较于前一阶段的对比，学生对艺术家的表现方法有了更深的理解。与此同时，要求学生写下喜欢这一部分的理由，其实也是在学生经历了刚才描述、分析、解释这三个步骤后，引导他们初步形成自己的观点。

名 画 档 案

在此处粘贴名画的打印图片	作品名称：＿＿＿＿＿＿ 画　　家：＿＿＿＿＿＿ 年　　代：＿＿＿＿＿＿ 绘画种类：□油　画　　□国　画 　　　　　□版　画　　□水　彩 　　　　　□其他＿＿＿＿（请填写）

图11-4　"名画档案"学习单

这幅画的主要内容是：
_____
_____

画面的艺术表现形式（构图、色彩、技法等）：
_____
_____

画家通过这幅画表达的思想情感：
_____
_____

画一画
这幅画中我最喜欢的部分

我喜欢的理由是：_____
_____
_____
_____
_____
_____
_____

图11-4 "名画档案"学习单（续）

如何在理解作品的基础上进行适当的想象？如何将自己的所见、所闻、所感用更优美、更精准的词句表达出来呢？于是教师设计了"写作秘籍"学习单（见图11-5），希望学生能够根据自身感受，选择性地填写学习单中教师提供的学习支架，去理清写作思路，构思文章内容，激发自身的创造力。

写作秘籍

以下几种构思方法，能够帮助你快速产生灵感哦！你可以选择适合你的方式进行构思。

◇ CSI法则

请你用一种颜色（Color）、一个符号（Symbol）和一张图像（Image）来表示自己对这件作品的感受。

颜色（Color）：☐　　符号（Symbol）：☐　　图像（Image）：

WHY?	WHY?	
_____	_____	
_____	_____	
_____	_____	
_____	_____	

◇ RAFT工具

请你从以下四个方面来试着构思你的文章吧。

角色（Role）：作为作者，文中你是什么人？	读者（Audience）：你的作品是写给谁的？
形式（Format）：你准备用什么形式来写？	主题（Theme）：你的主题围绕什么？或者列举几个关键词。

图11-5　"写作秘籍"学习单

◇ 思维导图

你也可以用思维导图的形式来进行联想和梳理哦！（画不下可以画在附页哦！）

图11-5　"写作秘籍"学习单（续）

如果学生偏向于诗歌或散文体裁的话，"CSI法则"是一个很好的工具，可以引导学生从阅读、观察的内容中归纳主题和核心观点。思考用哪种颜色、符号和图像来表达的过程其实是一种隐喻性思维。隐喻是培养理解力的主要工具，它能够帮助学生联系生活中的事物，发现作品与生活的相似点，从而生成新的联想。比如学生在阐述理由的时候，诸如"因为这个颜色和……有相似的地方"或"因为作品中的这些色彩让我想起了……"等观点，其实都是将学生对于名画的表面的理解与真实生活进行联系的过程，可以为学生提供一些灵感。

虽然学习单中都以第一人称展开，但题目中的"我"不一定是真实的本我，如果不提供"RAFT工具"这个支架，大部分学生可能在写作时只是把生活中真实的自己代入到文章中，那最后呈现出的作品也许会缺乏趣味性和创造性。"RAFT工具"能够直接帮助学生去挖掘文中的"我"的可能性。而读者（Audience）也是常常被学生所忽略的部分，若不提，学生只觉得这篇文章就是一个作业，是写给老师们看的，但其实如果脑洞大一些，这篇文章也许可以是写给那位艺术家的，或者是美术馆中的人的，这又让这篇文章有了无限的可能。

在选择并使用了"写作秘籍"中的某个工具之后，学生其实已经有了很多关键词或想法，那接下来，就可以用思维导图的方式将这些零散的观点统一一下了。以下是A类作业的学生画的思维导图样例（见图11-6），散文类的思维导图可以更多从色彩、构图方面去深入，而记叙文可以更多从故事的时间顺序以及六要素去梳理文章脉络，这样一来，学生的写作思路就会更加清晰。

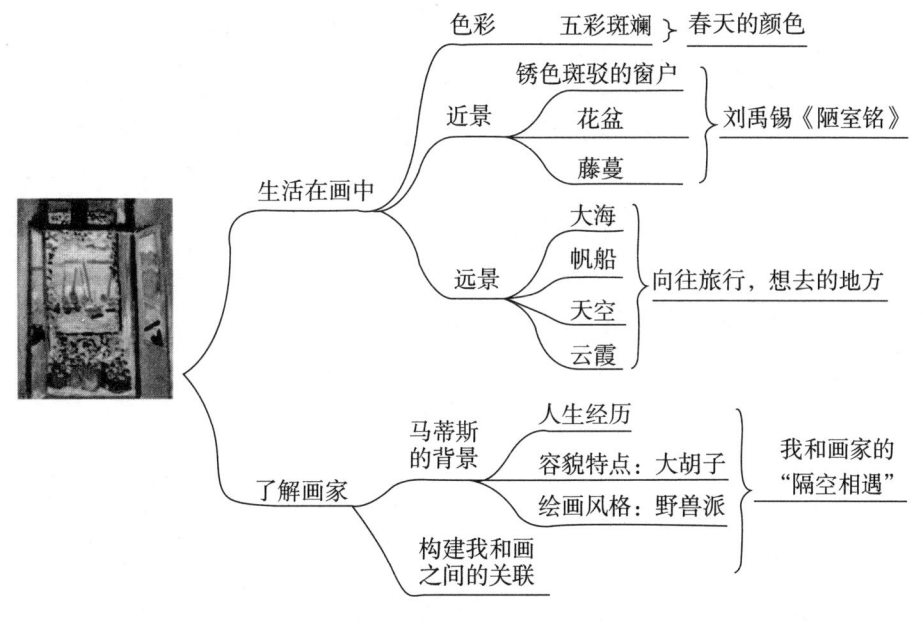

图11-6　学生的思维导图样例

四、分析和评价学生的跨学科学习作品

依据美术和语文学科的课标和教学基本要求，教师从习作的内容结构、欣赏评析的角度、画面的造型表现等方面，设计了以下作业评价标准。

1. 习作文字能否调动听觉、视觉等感知，描述出在画中的经历和感受？

2. 是否联系了实际生活，对画中的场景进行合理而有创意的想象和扩展？

3. 习作能否表达出对艺术作品的深入理解，以及个人的见解与观点？

4. 能否根据习作内容合理地布局画面，确保画面和文字内容的一致性？

5. 能否运用艺术家的风格和技巧，有效地将习作内容表现在画面中，同时也体现出自身的艺术理解？

6. 画面能否充分表达出自己的所见、所闻、所感、所想，能否通过画面传达出习作中的情感和主题?

根据以上评价标准可将学生的跨学科作业分为三个等级（见表11-1）。

表11-1 "假如我生活在名画中"跨学科作业标准

等级	图	文
A类	1. 能够根据习作内容，匀称构图，疏密相间 2. 能够抓住艺术家的表现形式与技法特点，创造性地表现习作中的画面 3. 能够通过画面，丰富地表达出自己的所见、所闻、所感、所想	1. 能够从作品的表现形式及手法的角度，选择最显著的特征，分析并描述作品，形成鲜明且深入的个人观点 2. 能够根据作品内容，结合实际生活进行创造性地想象，体现出对画面的个性化理解 3. 能够紧密围绕画面内容或艺术效果，充分调动听觉、视觉等多重感知，描述出细致且生动的所见、所闻、所感
B类	1. 能够根据习作内容进行完整构图，画面元素和构图比例基本合理 2. 能够用艺术家的表现形式与基本技法表现习作中的画面，但缺乏一些创新性 3. 能够通过画面基本表达出自己的感受和想法，但缺乏一些细节	1. 能够简单描述作品所呈现的信息以及作品的表现形式和题材，但缺少一些深入的分析或个人观点 2. 能够根据作品内容进行合理想象，体现出对作品的基本理解，但缺乏一些创新性或个性化的理解 3. 能够调动听觉、视觉等感知，描述出所见、所闻、所感，但缺乏一些细节或情感的表达
C类	1. 能够根据习作内容进行构图，但没有很好地考虑构图的均衡性和元素的布局 2. 画面中没有体现出艺术家的风格特点或技法 3. 不能通过画面表达出自己的所见、所闻、所感、所想，需要进一步发展细节描绘和情感表达的能力	1. 能够描述作品的基本信息，但没有深入探讨作品的主题或表现形式 2. 能够根据作品内容进行想象，但是想象可能不是很合理或与作品主题不完全相关 3. 能够调动基本的感知描述所见、所闻，但没有细节描写和情感表达

在学习支架的辅助下，本案例中学生的作业成果非常具有创造性。

作业案例1：
假如我生活在《开着的窗户》中

我轻轻地翻着画册，忽然，一大片鲜艳的色彩出现在眼前。两侧的墙壁涂满了大块的蓝色、青色、紫色和橙色，或深或浅，给人一种梦幻的感觉。面前两扇窗敞开着，橙色的边框上有着斑驳的、淡淡的铁锈。我轻轻抚摸着它，指尖感到了凹凸不平，仿佛是屋子的年轮。窗台上摆放着大大小小的几个花盆，花朵紧紧地簇拥在一起，五颜六色星星点点交织于一处。窗边绿色的藤蔓长串长串地垂了下来，和花朵的色彩融合起来，这烂漫的色彩令人心情愉悦。依靠着窗扉，我不禁又想到了《陋室铭》中的"无丝竹之乱耳，无案牍之劳形"。

扫描二维码查看原图

一阵海风拂过我的脸颊，我举目远望——窗外，海与天相连的地方白云朵朵，白云之上便是壮观的朝霞，遍布大半边天空。那朝霞的颜色，似是蓝色覆盖了紫色、黄色叠加着蓝色、红色再混合着橙色……形成一片片无以名状却又让人难以忘怀的色彩图景。此时太阳依然落山，余晖洒在波光粼粼的水面上，几艘帆船停靠在岸边。我遐想着乘上帆船去普罗旺斯看薰衣草，那大片大片的紫色令人心驰神往！

回过神来，我深深吸了口气，清新的空气夹杂着海的气味，沁人心脾。耳边不时传来汽船的鸣笛声，海鸥啼叫着从眼前掠过，能居住在这安宁美好的环境中，房屋虽然老旧，但何陋之有？轻松的心情才是生活的灵魂！

这时身后传来响动，我回头望去，一位中年男士坐在小桌旁喝着咖啡，"请问您是？"我好奇地问道。"亨利·马蒂斯。小伙子，你好！"

> 看着他那标志性的大白胡子，我轻声叫了起来："您就是野兽派画家马蒂斯啊！""哦，你懂得真不少！来，喝杯咖啡，我们一起欣赏这美妙的风景吧！"

这篇文章从习作角度来看达到了A类等级，该学生抓住了大多学生会忽略的一点：从画面的色彩和构图方面去展开联想。本文以散文的形式呈现，多用美术语言去描述、赏析画面，非常巧妙地将画面中的场景、色彩和构图与《陋室铭》相结合，思路清晰，极具创造性。该学生既从美术赏析的角度去描述、分析了作品，又结合了自己的生活经验加以想象，去推测作品所传递的作者的情感和态度。

该学生的配图沿用了马蒂斯的技法特点，多用对比色以及黑色的线条，并且通过自己的习作内容将《开着的窗户》作品与自己和马蒂斯对话的场景进行结合，更令人惊喜的是小男孩的服装花纹与版型，极具中国风，兼顾创造性和细节，表现出了习作中的画面。

作业案例2：

星　空

夜空繁星点点，
高而远，闪闪发光，
任思绪徜徉。

我想知道，
他们在上面做什么？
这般明亮，
这般灿烂。

星光，
如同十一颗沸腾的小火球，
手牵着卷云，

在紫色的暮霭里漂浮。

它们是很久以前,
巨人抠破手指留下的,
还是善良的天使划亮的小灯,
映照在夜空的怀抱里。

我在调色板上调上我的颜色,
黑发的树变绿了,
谷田披上了琥珀色,
阴影照进了月光。

夜空繁星点点,
高而远,闪闪发光,
永远不会迷失。

扫描二维码查看原图

与前一篇不同,本文以诗歌的形式对梵高的《星空》展开遐想。学生充分调动其视觉和触觉去描述自己在《星空》作品中的感受,甚至将星光拟人化,对于星光的猜想、星空的色彩调配都有着自己独特且有创意的理解。学生在作文里不再是本我,而是化身为梵高,去猜测梵高在面对这样的景色时,心里在想什么。三言两语,却生动地刻画出了梵高在创作时的样子,角度独特,形式新颖。

该学生的配图很好地运用了梵高旋转、扭曲的线条,将《星空》的颜色改成了紫色色调,但缺乏与习作的整合性,比如,可以将巨人的手指、天使等元素融入画面,这样更加贴近习作的内容。

作业案例3:

假如我掉入了《千里江山图》

这天,爸爸妈妈带我去北京故宫博物院参观。我兴致勃勃地逛着,一幅名叫《千里江山图》的画卷吸引了我。我饶有兴趣地欣赏着，手指不经意地从展示屏上的这座山峰移到那座山峰。突然，一股巨大的力量抓住了我的手指，似乎要把我拉进画里。

好一阵旋转后，我掉在了地上。我缓缓地爬了起来，掸了掸身上的灰，好奇地打量着周围：这里山清水秀，远处连绵的山脉根本望不到尽头；近旁还有一条小溪，正缓缓地流淌着。我心想：这么个好山好水的地方，我可得好好逛逛，顺便看看有没有人知道怎么出去。

扫描二维码查看原图

我边走边看，来到了一片小湖边，有位年老的船夫正在那钓鱼。我上前问道："老爷爷，这是什么地方呀？"那老爷爷答道："这里啊，是《千里江山图》。"

原来我真的掉进《千里江山图》了！于是我继续问道："您知道如何离开这里吗？"老爷爷说："你一直往东走，到达画卷的边缘，从那里就能离开啦。要不我送你过去吧！"我连连点头。于是，我们就坐着小舟一路往东而去。

随着船桨的划动，小舟的船头不断破开水面，我心中的疑问也像泡泡一样冒了出来："老爷爷，您到底是什么人啊？为什么会生活在这幅画里？"

老爷爷迟疑了一下，说道："我叫王希孟。"

王希孟……王希孟？这个名字怎么这么熟悉。对了，博物馆的橱窗上好像就有这么个名字！"您……您就是这幅画的作者啊！可……可您怎么会在自己的画里呢？"

"是的，这幅画正是我画的！"老爷爷点点头，"在我年轻时，我们宋朝不断遭受金国人的侵袭，百姓生活十分艰苦。我实在不忍心目睹这悲惨的景象，就……"老爷爷的眼眶有些湿润，好像想起了无尽的往事。

"怪不得《千里江山图》的介绍上说，您十八岁画了这幅名作后，就再也不见人影了。原来您是一个人躲进这儿了！"我无意间解开了一段历史之谜，不由得万分得意。

不过，我心中还有许多疑问。"可是，既然宋朝那么乱，您又为什么要画这美好的千里江山呢？"

"那是我师父命令我画的。他希望宋朝的天下就像画里一样平安祥和。"

"您的师父？他画画一定也很厉害吧！"

"他是天下最有才华的书画家，也是大宋朝的皇帝宋徽宗。"

听到这句话，我张大了嘴，迟迟也合不上。

"他知道自己不是个称职的皇帝，守不住大宋的江山。于是，他让我代替他画下了他梦想中的平安江山。"

此时，小舟似乎撞到了什么东西，不再往前行驶了。看来，我们已经到了画卷的尽头了。

他看了看我，轻轻说："小朋友，你该回去啦！"我再次凝视这位在十八岁时就画出《千里江山图》的少年天才。而此时的他，须发都苍白了。"再见了，王希孟爷爷。"我刚下船，人就径直往下掉。

我回过神来时，还站在北京故宫博物院里，面前展柜里摆着的正是《千里江山图》。

本篇文章达到了大部分的作业目标。学生充分发挥自己的想象，在《千里江山图》中与王希孟来了一场跨越千年的相遇，既解释了王希孟消失的原因，又隐约写出了宋徽宗对自己艺术家与皇帝双重身份的无奈。从中不难看出，学生对于《千里江山图》的创作背景十分熟悉，但通篇对于画面的色彩、构图等艺术效果描述得较少，作品评述部分与自己的想象融合得不够紧密。

从配图中不难看出，作品有王希孟的风格，但在颜色方面，没能充分体现出王希孟作画的特点，画面中加入了该学生与王希孟坐船的场景，但没能用王希孟的技法去表现。在习作中该学生的想象占了一大部分，但在画面中没有表现出来。

五、分析：如何富有创意地设计跨学科作业

上述案例给我们呈现了一种思路，从学生的真实问题入手，寻找可跨点，布置具有审美培育功能的跨学科作业，激发学生完成富有创意的作品，同时还通过深入细致的评价支持学生的探索。

（一）跨学科点的寻找体现了"学科视角"和"学生声音"的良好整合

第四章分析了启动跨学科学习的一种路径，是指教师有意识地寻找学科之间在内容、能力、概念等多类内容目标上可跨的点，澄清跨学科的目标，进而有意识地寻找真实世界中与之匹配的问题情境，或优化或重新构建适合的载体。从对不同学科核心素养的分析入手，寻找学科之间的链接点，再转化为可跨的载体。

本章所呈现的案例正是这一思路的典型体现，教师没有停留于活动表面，而是抓住表达、审美等关键能力，建立起美术和语文之间的实质性关联。从人类美术发展的历史来看，从远古时期开始，绘画最开始就不是作为纯粹的审美出现的，而是作为一种意义的表达。同样，儿童的绘画也具有这样的特征，绘画是孩子最早的语言，从这个意义上说，绘画天然就和语言发展有着密切的关联。

这个案例之所以打动人，不仅在于教师在概念、能力层面找到了学科之间的链接点，更重要的是，教师敏锐地捕捉到了学生面对经典画作时自然而然的感叹"假如我可以生活在这样的画里……"，并将其拓展为学生之间的交流话题，进而上升为一个系统的跨学科作业设计。这种思路非常好地补充了学科视角的不足，将学科的思考与学生的声音协调匹配。

（二）美术中的"欣赏·评述"适合的跨学科学习成果是怎样的

这个案例的成果其实可以有三个版本，体现三种不同的跨学科层次。

版本一：形成对经典画作的想象性文字，不拘形式地写下自己的见闻、感受和想象，以表达自己对画作的奇思妙想。

版本二：形成对经典画作的评论性文字，表达自己对画作的鉴赏理解。能运用美术语言，评述中外美术作品，与同学分享、交流自己的体会。

版本三：在写下评论性文字后，再根据习作内容进行合理构图，将现实生活中的元素或自己的观点用艺术家的技法或形式表现出来。

版本一的重点是通过文字表达自己的想法，而这种想法不一定是美术方面的，可以是想象性的作文，只是借助美术这一载体将自己觉得新奇有趣或印象最深、最受感动的内容写清楚。

版本二虽然看上去也是文字，但核心在美术上，学生要用美术的眼光表达对画作的理解，评述画作中的构想。

版本三的形式不仅是文字，而是从文字进入了美术创作，是结合自己的画作对经典画作再次进行的美术架构，通过思考和联想提出各种构想，并需要运用艺术家的技法或形式来表现。

上述三个版本也涉及美术领域一个更深层次的问题，作为"欣赏·评述"的跨学科学习，其成果要达到的要求是到版本二还是版本三？欣赏、评述之后是否还需要再让学生进行美术表达？

根据罗日叶的观点，按照艺术领域的方向不同，艺术领域的教育组织的导向可能出现三种类型：

- 技术型手艺人。他学习某些技术，可以运用这些技术制作一些简单的物品。
- 富有创造性的手艺人。他可以创造一件新的作品。
- 审美家。他可以评价美，评价一件艺术作品。

美术领域的跨学科学习应该让学生有机会经历这三种不同的类型。第三种类型主要是指向"欣赏·评述"的，而本案例中的作业整合了第二、第三两种类型，不仅在名画鉴赏中培养学生美的眼睛、美的格局，而且通过其后的美术创造性活动改变学生的美术实践和理解。

（三）将作业设计为挑战性的、有创意的、个性化的学科实践

日常教学中的美术作业形式比较单一，主要指向美术中的知识点和技能点的培养，学生往往只是被动完成任务。如果教师在设计作业时换一个视角，支持学生沉浸到艺术世界中，运用鉴赏得来的新视角和眼光，创造出能够激动人心的、世界上从来没有的艺术品，可能会产生不一样的效果。

这样的跨学科作业是富有创意和挑战的，需要教师提供资源和支架，并通过评价带动学生的自我分析。纵观整个作业过程，本案例在一些关键节点上设置了卓有成效的资源、支架与评价：微课视频，给定学生要鉴赏的名画的范畴；"名画档案"，引导学生从作家生平、作品风格和流派以及创作背景等美术的角度去深入了解，再去主观地画出最喜欢的部分并说明理由；"艺术家一日体验"，通过自己的创作与艺术家原型的比较，发现艺术家创作中的精彩；"写作秘籍"，在理解作品的基础上进行适当想象，将自己的所见、所闻、所感用更优美、更精准的词句表达出来。总之，一系列支架支持了学生整合的艺术和写作实践，激发了学生的创造力。

在初期的尝试中，学生的作业中仍然是B类作品占多数，学生主要围绕着作品的创作背景、作者生平进行描述、联想和想象，对于画面的构图、色彩和形式风格等展开描述、分析的比较少。这就意味着，第一，作为以美术为主的跨学科学习，教师在支持学生进行艺术性的赏析、创作部分的支架要更充分和深入；第二，在以美术为主的跨学科学习中，对美术的评价和对其他学科的评价应该要区分开。为此，后续的评价设计还可以有更进一步的改造。比如，A等成果的产生需要同时满足图、文两个维度，有的学生可能在习作方面没有达到A等，但他根据自己的文章，创造性地将艺术家的技法特点表现出来了，那在美术领域事实上就可以达到A的标准。为此，教师在新的迭代设计中进一步将统一的ABC等级转化为多维度的分析，分别判断学生的成果在美术上的造型表现、风格特点、画面构图等方面的表现，在文字表达上的表情达意、合理想象、作品分析等方面的表现。这样的评价避免了简单地划分等级，而更侧重对学生成果进行个性化的分析，更准确地支持学生的能力发展。

参考文献

阿特，麦克塔尔，2005.课堂教学评分规则：用表现性评价准则提高学生成绩［M］.国家基础教育课程改革"促进教师发展与学生成长的评价研究"项目组，译.北京：中国轻工业出版社.

波斯纳，鲁德尼茨基，2010.学程设计：教师课程开发指南［M］.赵中建，肖玉敏，李丽桦，等译.上海：华东师范大学出版社：46-48.

杜威，1994.学校与社会·明日之学校［M］.赵祥麟，任钟印，吴志宏，等译.北京：人民教育出版社：6-40.

郭华，2021.跨学科学习的学科立场［EB/OL］.（2021-11-18）［2022-08-21］.https://mp.weixin.qq.com/s/p86Smdcm2qKwf5cFEWSN6w.

国际文凭组织，2010.小学项目的实施：国际初等教育课程框架［R］.国际文凭组织.

兰甘，奥尔布莱特，2017.美国大学英语写作［M］.广州：世界图书出版广东有限公司.

胡卫平，刘守印，2022.义务教育科学课程标准（2022年版）解读［M］.北京：高等教育出版社：66.

李健，李海东，2022.数学课程跨学科主题学习项目的设置与启示：基于美国《Big Ideas Math》教科书的分析［J］.上海教育科研（8）：17-23.

雷普克，斯佐斯塔克，2021.如何进行跨学科研究：第二版［M］.傅存良，译.北京：北京大学出版社.

刘徽，2021.真实性问题情境的设计研究［J］.全球教育展望，50（11）：26-44.

罗日叶，2010.为了整合学业获得：情景的设计和开发：第二版［M］.汪凌，译.上海：华东师范大学出版社：102-106，125-127.

马扎诺，肯德尔，2012.教育目标的新分类学：第2版［M］.高凌飚，吴有昌，苏峻，译.北京：教育科学出版社.

苏小兵，杨向东，潘艳，2020.真实情境中地理问题生成的学习进阶研究［J］.全球教育展望，49（8）：44-62.

王大根，2021.中小学美术教学论［M］.2版.南京：南京师范大学出版社：233-240.

汪丁丁，2014.为什么跨学科教育重要？［J］.新世纪周刊（27）：1.

王敏，2021.以史为纲，专题探秘，趣味导读：《红星照耀中国》整本书阅读策略实践［J］.语文教学通讯（5）：22-24.

威金斯，麦克泰格，2017.追求理解的教学设计：第二版［M］.闫寒冰，宋雪莲，赖平，译.上海：华东师范大学出版社：19-20，50.

吴琦，2021. 美国NGSS中"科学与工程实践"文本内容的诠释性研究［D］.长沙：湖南师范大学.

吴若盘，2023.基于跨学科主题学习的初中历史命题探析［J］.中学历史教学参考（5）：34-39.

夏雪梅，2012.以学习为中心的课堂观察［M］.北京：教育科学出版社.

夏雪梅，2018.项目化学习设计：学习素养视角下的国际与本土实践［M］.北京：教育科学出版社：96.

夏雪梅，2020. 项目化学习的实施：学习素养视角下的中国建构［M］.北京:教育科学出版社.

夏雪梅，2021.指向创造性问题解决的项目化学习：一个中国建构的框架［J］.教育发展研究，41（6）：59-67.

夏雪梅，2022.指向核心素养的项目化学习评价［J］.中国教育学刊（9）：50-57.

杨向东，2018.指向学科核心素养的考试命题［J］.全球教育展望，47（10）：39-51.

张双虎，2022.论文被引50000余次，樊春海院士："跨界"带来"翅膀"［EB/OL］.（2022-08-18）［2023-08-06］.https://baijiahao.baidu.com/s?id=1741471587538788933&wfr=spider&for=pc.

Ackerman D B, Perkins D N, 1989.Integrating Thinking and Learning Skills across the Curriculum [M] //Jacobs H H.Interdisciplinary Curriculum: Design and Implementation. Alexandria, VA: Association for Supervision and Curriculum Development.

Apple M W, 2001.Educating the "Right" Way: Markets, Standards, God and Inequality [M]. New York and London: Routledge.

Beane J A, 1997.Curriculum Integration: Designing the Core of Democratic Education [M].New York: Teachers College Press.

Bernstein B, 1990. The Structuring of Pedagogic Discourse: Class Codes and Control, Volume 4 [M].New York and London: Routledge.

Biggs J B, Collis K F, 1982.Evaluating the Quality of Learning: The SOLO Taxonomy (Structure of the Observed Learning Outcome) [M]. New York: Academic Press.

Black P, William D, 1998.Assessment and Classroom Learning [J]. Assessment in Education: Principles Policy and Practice, 5(1): 7-74.

Colander D, McGoldrick K, 2010. Educating Economists: The Teagle Discussion on Re-evaluating the Undergraduate Economics Major [M].Cheltenham, UK: Edward Elgar.

Dewey J, 1958. Art as Experience [M]. New York: Capricorn Books: 54.

Dillon J T, 1982. Problem Finding and Solving [J].The Journal of Creative Behavior, 16(2): 97-111.

Dogan M, Pahre R, 1990.Creative Marginality: Innovation at the Intersections of Social Sciences [M]. Boulder: Westview Press.

Dowden T, 2007.Relevant, Challenging, Integrative and Exploratory Curriculum Design: Perspectives from Theory and Practice for Middle Level Schooling in Australia [J]. The Australian Educational Researcher, 34(2): 51-71.

Field M, Lee R, Field M L, 1994.Assessing Interdisciplinary Learning [J].New Directions for Teaching and Learning, 1994(58): 69-84.

Goldsmith T E, Johnson P J, 1990.A Structural Assessment of Classroom Learning [M]// Schvaneveldt R W. Pathfinder Associative Networks: Studies in Knowledge Organization. Norwood, NJ: Ablex Publishing Corporation: 241-254.

Goldsmith T E, Kraiger K, 1997. Applications of Structural Knowledge Assessment to Training Evaluation［M］//Ford J K，Kozlowski S W J，Kraiger K，et al.，Improving Training Effectiveness in Work Organizations. Hove: Psychology Press：73-97.

Graham C，2022. Pillars，Lintels and Foundations：A Conference Starter Paper［EB/OL］.（2022-11-01）［2023-05-05］.https://rse.org.uk/wp-content/uploads/2022/11/RSE-IDL_conference_pillars-lintels-foundations_starter-paper-2019.pdf.

Hansson B，1999. Interdisciplinarity：For What Purpose?［J］. Policy Sciences，32（4）：339-343.

Harvie J，2021. Interdisciplinary Education: Memorialising Learning Experiences［J］. EducA：International Catholic Journal of Education，6：111-126.

Heckhausen H，1972. Discipline and Interdisciplinarity［M］// OECD. Interdisciplinarity: Problems of Teaching and Research in Universities. Washington，DC: OECD Publications Center.

Ivanitskaya L，Clark D，Montgomery G，et al.，2002. Interdisciplinary Learning：Process and Outcomes［J］. Innovative Higher Education，27（2）：95-111.

Jacobs H H，1989. Interdisciplinary Curriculum：Design and Implementation［M］. Alexandria，VA：Association for Supervision and Curriculum Development.

Klein J T，1991. Interdisciplinarity：History，Theory and Practice［M］. Detroit，MI：Wayne State University Press.

Klein J T，2000. A Conceptual Vocabulary of Interdisciplinary Science［M］//Weingart P，Stehr N. Practicing Interdisciplinarity. Toronto：University of Toronto Press：1-24.

Krajcik J，Reiser B J，Sutherland L M，et al.，2019. IQWST：Investigating and Questioning Our World Through Science and Technology［M］. 3rd ed.Greenwich，CT：Activate Learning.

Lake K，1994. Integrated Curriculum（School Improvement Research Series）［EB/OL］.（1994-05）［2010-10-15］. https://educationnorthwest.org/sites/default/files/integrated-curriculum.pdf.

Lenoir Y，1997. Some Interdisciplinary Instructional Models Used in the Primary Grades in Quebec［J］. Issues in Integrative Studies（15）：77-112.

Lenoir Y，Larose F，Geoffroy Y，2000.Interdisciplinary Practices in Primary Education in Quebec：Results from Ten Years of Research［J］. Issues in Interdisciplinary Studies

(18): 89-114.

Martin J R, 1970. Readings in the Philosophy of Education: A Study of Curriculum [M]. Boston: Allyn & Bacon.

Mansilla V B, 2010.Learning to Synthesize: The Development of Interdisciplinary Understanding [M] //Frodeman R, Klein J T, Pacheco R C D S. The Oxford Handbook of Interdisciplinarity. Oxford: Oxford University Press: 288-306.

National Research Council, 2013. Next Generation Science Standards: For States, by States [M].Washington, DC: The National Academies Press.

National Research Council, 2014. Developing Assessments for the Next Generation Science Standards [M]. Washington, DC: The National Academies Press.

Newell W H, 1998. Interdisciplinary Curriculum Development [M] //Interdisciplinarity. New York: College Board: 51-65.

Newell W H, 2000. Transdisciplinarity reconsidered [M] // Transdisciplinarity: Re-creating Integrated Knowledge. Oxford, UK: EOLSS Publishers: 42-48.

Reeves T C, Herrington J, Oliver R, 2002. Authentic Activities and Online Learning [C] //Goody A E, Herrington J, Northcote M.Quality Conversations: Research and Development in Higher Education. Jamison, ACT: HERDSA: 562-567.

Rosamond B, 2006. Disciplinarity and the Political Economy of Transformation: The Epistemological Politics of Globalization Studies [J].Review of International Political Economy, 13 (3): 516-532.

Shoham E, 1998. From Policy to Practice: Integrated Curriculum Planning and Teacher Professionalism in Israeli Elementary Schools [J].Teacher Development, 2 (3): 405-417.

Toulmin S, 1972. Human Understanding [M]. Princeton: Princeton University Press.

Turner B S, 2006. Discipline [J]. Theory, Culture & Society, 23 (2-3): 184.

Whitley R D, 1978. The Organization of Scientific Work in "Configurational" and "Restricted" Sciences: A Study of Three Research Laboratories [J]. International Journal of Sociology, 8(1/2): 95-112.

Young M, Muller J, 2010. Three Educational Scenarios for the Future: Lessons from the Sociology of Knowledge [J]. European Journal of Education, 45 (1): 11-27.

后　记

本书的起源是新课标颁布以后，有很多实践者询问我跨学科学习和项目化学习的区别，跨学科作业和项目化作业如何做，各学科中的跨学科主题学习如何开展，等等。从这些交流和探讨中我发现，即使这么多年来国家层面始终在进行课程综合化的努力，但是在实践中实践者关于跨学科学习还是存在很多的误区和迷茫，或不知道如何切入，或流于拼学科，或将项目化学习作为落实跨学科学习的唯一方式……，这让我觉得有必要对跨学科学习做一个全面而深入的分析。

我希望在这本书中能够对跨学科学习有一个整体的清晰描绘，包括跨学科学习中的学科关系，怎么跨，跨的目的、载体是什么，以及指向不同目标类型、基于不同载体的跨学科学习可以如何开展与评价。因为有前期进行的项目化学习的诸多探索，所以本书的写作相对轻松一些。

感谢在本书中与我共同探索、撰写案例的上海学校的校长、教师，他们勇于探索与自我挑战，好几个案例都是经过几次讨论与实践，更新迭代，我们相互启发，将跨学科学习的理解、观点和框架进行了具象化和实践化；感谢马云鹏教授、郑桂华教授、王蔷教授、王大根教授等专家对本书中的数学案例、语文案例、英语案例、美术案例的把关和审议，他们的肯定和宝贵建议给了我和教师们很多新的思考；感谢深圳的王琦主任及其率领的教师团队，在与他们的互动交流中，我能够感受到教师对问题的原初理解，他们的肯定激励我进行更深入的思考；感谢池春燕编辑，没有她的鼓励，我想我可能不会在项目化学习的探索中再专门辟出时间去写跨学科学习的书，并将其进行系统化的思考和呈现。

每一次的写作就像将自己的理解、体验凝结为一块顽石置于茫茫实践的洪流之中，用各种行动、质疑、试探去冲刷它，让它逐渐被雕琢与打磨，成为理论与实践都更圆融的结合物。

人生需要有灯塔，心怀高远的灯塔是让自己怀有对生命的敬意而不拘泥于当下一时一事的关键。去往灯塔的路，礁石密布，各种迂回曲折，长夜漫漫，艰难险阻，有人可能就此停步。而心怀灯塔的行路人，只会一路走向远方，行走本身赋予他力量，为后来的探路人提供一点微光。

夏雪梅
2023年于上海

出 版 人　郑豪杰
策划编辑　池春燕
责任编辑　池春燕　邵　欣
版式设计　京久科创　郝晓红
责任校对　张晓雯
责任印制　叶小峰

图书在版编目（CIP）数据

跨学科学习：一种基于学科的设计、实施与评价 / 夏雪梅著 . —北京：教育科学出版社，2024.1（2025.5 重印）
ISBN 978-7-5191-3565-2

Ⅰ．①跨…　Ⅱ．①夏…　Ⅲ．①中小学教育—教育研究—中国　Ⅳ．① G632.0

中国国家版本馆 CIP 数据核字（2023）第 187535 号

跨学科学习：一种基于学科的设计、实施与评价
KUA XUEKE XUEXI: YI ZHONG JIYU XUEKE DE SHEJI、SHISHI YU PINGJIA

出版发行	教育科学出版社		
社　　址	北京·朝阳区安慧北里安园甲9号	邮　　编	100101
总编室电话	010-64981290	编辑部电话	010-64989441
出版部电话	010-64989487	市场部电话	010-64989009
传　　真	010-64891796	网　　址	http://www.esph.com.cn
经　　销	各地新华书店		
制　　作	北京京久科创文化有限公司		
印　　刷	保定市中画美凯印刷有限公司		
开　　本	720毫米×1020毫米　1/16	版　　次	2024年1月第1版
印　　张	14.75	印　　次	2025年5月第6次印刷
字　　数	216千	定　　价	48.00元

图书出现印装质量问题，本社负责调换。